Chiesa cattolica

Kalendarium Gregorianum perpetuum

Chiesa cattolica

Kalendarium Gregorianum perpetuum

ISBN/EAN: 9783741104275

Hergestellt in Europa, USA, Kanada, Australien, Japan

Cover: Foto ©Lupo / pixelio.de

Manufactured and distributed by brebook publishing software
(www.brebook.com)

Chiesa cattolica

Kalendarium Gregorianum perpetuum

GRÉGORIANVM
PERPETVVM.

Cum Priuilegio Summi Pontificis,
& aliorum Principum.

ROMAE,

Ex Typographia Dominici Basæ.

M D LXXXII.

CVM LICENTIA SVPERIORVM.

GREGORIVS EPISCOPVS
SERVVS SERVORVM DEI
Ad perpetuam rei memoriam.

NTER grauissimas pastoralis officij nostri curas, ea postrema nõ est, vt quæ à sacro Tridétino Concilio Sedi Apostolicę reseruata sunt, illa ad finé optatum, Deo adiutore, perducantur. Sane eiusdé Concilij Patres, cù ad reliquã cogitationem Breuarij quoq. curã adiungerent, tempoὃ rem totã ex ipsius Concilij

Romani Pontificis recuὃ Breuiario præcipue continentur, quorũ vnum preces, laudesq. diuinas festis, profestisq. diebus persoluendas cõplectitur, alterũ pertinet ad annuos Paschæ, festorumq. ex eo pendentium recursus, Solis & Lunæ motu metiĕdos: Atq. illud quidé felicis recordationis Pius V prædecessor noster absoluendũ curauit, atq. edidit: Hoc vero, quod nimirũ exigit legitimam Kalendarij restitutionem, iamdiu à Romanis Pontificibus prædecessoribus nostris, & sæpius tentatũ est, verũ absolui, & ad exitũ perduci ad hoc vsq, tẽpus nõ potuit; quòd rationes emendandi Kalendarij, quæ à cœlestium motus peritis proponebantur, propter magnas, & fere inextricabiles difficultates, quas huiusmodi emendatio semper habuit, neq. perennes erant, neq antiquos Ecclesiasticos ritus incolumés (quod in primis hac in re curandũ erat) seruabãt. Dum itaq. nos quoq credita nobis, licet indignis, à Deo dispensatione freti, in hac cogitatione curaq. versaremur, allatus est nobis liber à dilecto filio Antonio Lilio artium & medicinæ doctore, quẽ quondã Aloysius ciusger manus frater conscripserat, in quo per nouũ quendã Epaủủ rum Cyclũ ab eo excogitatũ, & ad certã ipsius Aurei numeri normã directũ, atq. ad quãcumq. anni solaris magnitudiné accõmodatum, omnia quæ in Kalẽdario collapsa sunt, cõstanti ratione, & sæculis omnibʒ duratura, sic restitui posse ostendit, vt Kalendariũ ipsum nulli vnquam mutationi in posterũ expositũ esse videatur. Nouam hanc restituendi Kalendarij rationé exiguo volumine cõprehẽsam ad Christianos Principes, celebrioresq. vniuersitates paucos ante an-

nos miſimus, vt res, quæ omniũ cõmunis eſt, cõmuni etiam
omniũ conſilio perficeretur; illi cum, quæ maxime optaba-
mus, cõcordes reſpõdiſſent, eorũ nos omniũ cõſenſione ad-
ducti, viros ad Kalẽdarii emendationẽ adhibuimus in alma
Vrbe harũ rerum peritiſsimos, quos longe ante ex primariis
Chriſtiani orbis nationibus delegeramus: Ij cũ multum tem
poris, & diligẽtiæ ad eam lucubrationẽ adhibuiſſent, & Cy
clos tam veterũ, quàm recentiorũ vndiq. cõquiſitos, ac di-
ligentiſsimè perpenſos inter ſe cõculiſſent, ſuo, & doctorũ
hominũ, qui de ea re ſcripſerũt, iudicio hunc præcæteris ele
gerunt Epactarum Cyclũ, cui nonnulla etiam adiecerunt,
quæ ex accurata circumſpectione viſa ſunt ad Kalendarij
perfectionẽ maxime pertinere.

Conſiderãtes igitur nos, ad rectã Paſchalis feſti celebrationem iuxta ſanctorum Patrum, ac veterũ Romanorũ Pon
tificũ, præſertim Pij & Victoris primorum, necnõ magni illius œcumenici Concilij Nicæni, & aliorum ſanctiones, tria
neceſſario coniungenda, & ſtatuẽda eſſe, primũ certã Verni
æquinoctij ſedẽ, deinde rectam poſitionẽ xiiij. Lunæ prin-
mẽſis, quæ vel in ipſum æquinoctij diẽ incidit, vel ei proxime ſuccedit, poſtremo primum quemq. diẽ Dominicũ, qui
eandẽ xiiij. Luoã ſequitur: curauimus nõ ſolũ æquinoctium
Vernũ in priſtinã ſedem, à qua iam à Concilio Niceno dece
circiter diebus receſſit, reſtituendum, & xiiij. Paſchalẽ ſuo
in loco, à quo quatuor, & eo ampliꝰ dies hoc tẽpore diſtat,
reponendã, ſed viã quoq. tradendã & rationẽ, qua cauetur,
vt in poſterum æquinoctium, & xiiij. Luna à proprijs ſedi-
punquã dimoueantur. Quo igitur Vernũ æquinoctiũ, quod
à Patribus Concilij Nicæni ad xij. Kalend. Aprilis fuit cõ-
ſtitutum, ad eandẽ ſedem reſtituatur: Præcipimus, & mandamus, vt de menſe Octobri anni 1582. decẽ dies incluſiuè
à tertia Nonarũ vſq. ad pridie Idus eximãtur, & dies, qui ſe
ſtum S. Franciſci iiij. Nonas celebrari ſolitũ ſequitur, dicatur Idus Octobris, atq. in eo celebretur feſtum SS. Diony-
ſij, Ruſtici, & Eleutherij martyrum, cum cõmemoratione
S. Marci Papæ & confeſſoris, & SS. Sergij, Bacchi, Marcelli, & Apuleij martyrum. Septimodecimo verò Kal. Nouem
bris, qui dies proximè ſequitur, celebretur feſtum S. Calliſti
Papæ & martyris. Deindè xvi. Kal. Nouẽb. fiat officium
& Miſſa de Dominica xviij. poſt Pentecoſtẽ, mutata literã
Dominicali G in C. Quintodecimo deniq. Kal. Nouẽb.

dies feſtus agatur S. Lucæ Euangeliſtæ, à quo reliqui deinceps agantur feſti dies, prout funt in Kalendario deſcripti.

Ne vero ex hac noſtra decé dierum ſubtractione alicui, quod ad annuas vel menſtruas præſtationes pertinet, præiudicium fiat, partes judicum erũt in controuerſijs, quæ ſuper hoc exortæ fuerint, dictæ ſubtractionis ratione habere, addendo alios x. dies in fine cuiuslibet præſtationis.

Deinde ne in poſterũ à xii. Kal. April. æquinoctiũ recedat, ſtatuimus Biſſextũ quarto quoq. anno (vti mos eſt) cont inuari debere, præterquã in centeſimis annis; qui quãuis Biſſextiles ante ſemper fuerint, qualé etiam eſſe volumus annum 1600. poſt eũ tamen, qui deinceps conſequétur céteſimi, nõ omnes Biſſextiles ſint, ſed in quadringentis quibuſq. annis primi quiq. tres centeſimi ſine Biſſexto tranſigantur, quartus vero quiſq. centeſimus Biſſextilis ſit, ita vt Annus 1700. 1800. 1900. Biſſextiles nõ ſint. Anno vero 2000. more conſueto dies Biſſextus intercaletur, Februario dies 29. cõtinente; idemq. ordo intermittendi, intercalandiq. Biſſextũ dié in quadringétis quibuſq. annis perpetuo cõſeruetur.

Quo ité xiiij. Paſchalis recte inueniatur, itemq. dies Lunæ iuxta antiquũ Eccleſiæ moré ex Martyrologio ſingulis diebus ediſcendi fideli populo vere proponãtur; ſtatuimus, vt amoto aureo numero de Kalendario, in eius locum ſubſtituatur Cyclus Epactarũ; qui ad certã (vti diximus) aurei numeri normam directus efficit, vt nouilunium, & xiiij. Paſchalis vera loca ſemper retineant. Idq. manifeſte appíret ex noſtri explicatione Kalendarij, in quo deſcriptæ ſunt etiam tabulæ Paſchales ſecundum priſcum Eccleſiæ ritum, quo certius & facilius ſacroſanctum Paſcha inueniri poſſit.

Poſtremo quoniã partim ob decem dies de Menſe Octobri anni 1582. (qui correctionis annus recte dici debet) exẽptos, partim ob ternos etiam dies quolibet quadringentorũ annorũ ſpatio minime intercalandos, interrumpatur neceſſe eſt Cyclus literarũ Dominicalium 28. annorũ ad hanc vſq. dié vſitatus in Eccleſia Romana; Volumus in eius locũ ſubſtitui eundẽ Cyclũ 28. annorũ ab eodẽ Lilio tũ ad diẽ intercalãdi Biſſexti in céteſimis annis ratione, tum ad quãcumq. anni ſolaris magnitudiné accõmodatũ; ex quo literæ Dñicalis beneficio Cycli ſolaris æque facile, ac prius, vt in proprio canone explicatur, reperiri poteſt in perpetuum.

Nos igitur vt quod propriũ Pont. Max. eſſe ſolet, exequantur, quamur, Kalendariū immensa Dei erga Ecclesiam suā benignitate iam correctū atq. absolutū hoc nestro decreto probamus, & Romæ vnà cum Martyrologio imprimi, impressumq. diuulgari iussimus. Vt vero vtrumq. vbiq. terrarū incorruptū, ac mendis & erroribus purgatum seruetur, omnibus in nostro & sanctæ Romanæ Ecclesiæ dominio mediate vel immediate subiecto cōmorantibus impressoribus sub amissionis librorū, ac centum ducatorū auri Cameræ Apostolicæ ipso facto applicādorū; alijs vero in quacumq. orbis parte cōsistentibus sub excōmunicationis latæ sentētiæ, ac alijs arbitrij nostri pœnis, ne sine nostra licētia Kalendariū, aut Martyrologiū simul vel separatim imprimere, vel proponere, aut recipere vllo modo audeant vel præsumant, prohibemus.

Tollimus autē, & abolemus omnino vetus Kalendariū, volumusque, vt omnes Patriarchæ, Primates, Archiepiscopi, Episcopi, Abbates, & cæteri Ecclesiarū Presides, nouum Kalendariū (ad quod etiā accōmodata est ratio Martyrologij) pro diuinis officijs recitandis, & festis celebrandis in suas quisq. Ecclesias, Monasteria, Conuentus, ordines, militias, & diœceses introducant, & eo solo vtantur tam ipsi, quàm cæteri omnes presbyteri, & clerici sæculares, & regulares vtriusq. sexus; necnon milites, & omnes Christi fideles, cuius vsus incipiet post decē illos dies, ex mense Octobris anni 1582. exemptos. Ijs vero, qui adeo longinquas incolunt regiones, vt ante præscriptū à nobis tempus harum literarū notitiam habere non possint, liceat, eodem tamen Octobri mense insequentis anni 1583. vel alterius, cum primum scilicet ad eos hæ nostræ literæ peruenerint, modo à nobis paulo ante tradito eiusmodi mutationem facere, vt copiosius in nostro Kalen. anni correctionis explicabitur.

Pro data autem nobis à Domino auctoritate hortamur, & rogamus charissimum in Christo filium nostrum Rodulphum Romanorum Regem Illustrem in Imperatorē electū, cæterosq. Reges, Principes, ac Respublicas, ijsdemq; sādamus, vt quo studio illi à nobis contenderunt, vt hoc tam præclarum opus perficeremus; eodem, immo etiam maiore, ad conseruandam in celebrandis festiuitatibus inter Christianas nationes concordiam, nostrum hoc Kalendarium & ipsi suscipiant, & à cunctis sibi subiectis populis religiosè suscipiendum, inuiolateq. obseruandum curent.

Verum

Verum quia difficile foret præsentes literas ad vniuersa Christiani orbis loca deferri, illas ad Basilicæ Principis Apostoloru, & Cancellariæ Apostolicæ valuas, & in acie Campi Floræ publicari & affigi, & earundē literarū exēplis, etiam impressis, & voluminibus Kalēdarij, & Martyrologij inserēti & præpositis, siue manu tabellionis publici subscriptis, necnon sigillo personæ in dignitate Ecclesiastica constitutæ obsignatis, eandē prorsus indubitatam fidem vbiq. gentium & locorum haberi præcipimus, quæ originalibus literis exhibitis omnino haberetur. Nulli ergo omnino hominum liceat hanc paginam nostrorum præceptorum, mandatorum, statutorum, voluntatis, probationis, prohibitionis, sublationis, abolitionis, hortationis, & rogationis infringere, vel ei ausu temerario contraire. Si quis autē hoc attentare præsumpserit, indignationem omnipotentis Dei, ac Beatorum Petri & Pauli Apostolorum eius se nouerit incursurum.

Datū Tusculi Anno Incarnationis Dñicæ M.D.LXXXI. Sexto Kal. Martij. Pontificatus nostri Anno Decimo.

Cæ Glorierius.
A. de Alexijs.

Anno à Natiuitate Domini Nostri Iesu Christi Millesimo quingentesimo octuagesimo secundo Indictione decima, Die vero Iouis prima mensis Martij, Pontificatus vero Sanctissimi in Christo patris, & D. N. Gregorij diuina prouidentia Papæ XIII. anno eius decimo: Retroscriptæ literæ Apostolicæ publicatæ & affixæ fuerūt in Valuis principis Apostolorum de Vrbe, & Cancellariæ Apostolicæ, ac in acie Campi Floræ, vt moris est, per me Scipionem de Octauianis Apostolicum Cur.

Franciscus Baron Magister Cursorum.

GREGORIVS PAPA XIII.
ad futuram rei memoriam.

Cvm nuper Kalendarium Romanum summa diligentia & industria de mandato nostro correctum, & absolutum approbantes, illud vna cum opere nouæ rationis corrigendi eiusdem Kalendarij, ac Martyrologio iuxta Ipsius operis calculum à quondam Aloysio Lilio accurate cōfecte, & compilato imprimi, imprimissemus, diuulgari iusserimus, prout in nostris literis desuper confectis plenius continetur. Nos ad laboriosam & indefessam operam in huius Kalendarij restitutione à dilecto filio Antonio etiam Lilio Vmbrianerū in artibus, & Medicina magistro & dicti A. oyt fratre germano, Vrbi incola egregie a natam, debitum, respectum habentes, ac opteprædium fore censentes, vt cuius diuturnis vigilijs & laboribus opus restitutionis Kalendarij huiusmodi magnas

ex parte ad perfectionem deductum est, ita quoq; eius cura, & fo-
licitudine in lucem prodeat, ac i mendis, & erroribus conferue-
tur. Et propterea olerdica eundem Antonium, ut etiam induftria,
& vigiliarum fuarum effectu latiari valeat, fauore profequi gratia
fpeciali, Motu proprio non à dicti Antonij, aut alicuius pro eo nobis defuper oblata petitionis inftantia, fed ex certa noftra fcien-
tia, ac de Apoftolica poteftatis plenitudine, eide Antonio, quod
a i decennium proximum nullus per vniuerfum orbem Chriftia-
num conftiturus, cuiufcunq; ftatus, gradus, ordinis, vel conditio-
nis fuerit, Kalendarium, ac opus, & Martyrologium huiufmodi,
vel eorum aliquã partem, feu quodcunq; aliud, quod quomodolibet deauciatur, aut dependeat ab opere correctionis eiufdem Kalendarij, & omnino à Cyclo Epactarum, & modo aequationis Anni
Solaris, & Lunaris ab Aloyfio praefacto inuetis, fine dicti Antonij,
vel fuorũ haeredũ expreffa licentia imprimere, aut imprimi facere,
vel praeterquam de licentia huiufmodi vendere, aut vaenalia proponere, feu in ppria domo, vel alibi, etiã ex mutuo, vel dono, aut alias
habere, & retinere poffit, Apoftolica auctoritate, tenore praefentiũ
con. edimus, & inuulgemus. Diftrictius inhibentes omnibus, & fingulis vtriufq; fexus perfonis, praefertim Typographis, Bibliopolis, &
librorum imprefforibus, ac mercatoribus tam in Italia, quam extra
eam, & in quacunq; mundi parte exiften. in virtute Sacta obedientiae, & fub excommunicationis latae fententiae, qua nifi à nobis, &
pro tempore exiften. Rom. Pont. fatisfacto prius de damno, & poena apponita, praeterquam in articulo mortis, abfolui non poffint, la-
tertia vero S.R.E. medio e vel immediate fubiectis, emiffionis librorum, ac mille ducatorum auri de Camera pro vna Camera Apo-
ftolicae, & pro altera medietatibus dicto Antonio, fuifq; haeredibus
applican. paenis, & per eos, & alios quofcunq; ipfis auxiliũ, confiliũ,
vel fauore praeftan. & talia facien. iacen. & nõ reuelan cu vfcunq;
ftatus, gradus, ordinis, cõditionis, & dignitatis exiften. toties, quo-
tiefa id fecerint, ipfo facto, abfq; alia declaratione incurrẽ. ne dicto
decennio durante, Kalendariũ, ac opus, & Martyrologium huiufmodi, vel aliquam eorum partem, feu quodcunq; aliud, quod quomodolibet deducatur, aut dependeat ab eifdem, vt praefertur, fub
quacunq; forma, alicubi, abfq; expreffa licentia, & affenfu Antonij
& haeredũ praefatorũ in pumere, feu imprimi facere, aut per quof-
uis, praeterquam de licentia huiufmodi imp effa vendere, feu va-
nalia proponere, feu in propria domo, vel alibi, etiã ex mutuo, vel
dono, aut alias habere, vel tenere audeant, vel praefumant. Praeci-
pientes etiam omnibus, & fingulis, qui offi. iũ diuinũ recitare te-
nentur, in virtute fanctae obedientiae, ne alio vtantur Kalendariũ,
qui hoc Romae im preff. aut alio, quod de fic in praedictis Antonij
Lilij, vel eius haerede, alibi fuerit impreffum. Cum enim omnes Canones huius Kalendarij fint noui, noua etiam Cycli Epactarum, li-
teranuq; Dhicalium defcrip io, fieri vix poterit, quin in impreff.
fione error comittatur, nifi illi, qui rem plane perceperint, ti lo-
nemq; huius Kalendarii penitus cognouerint, affidue affiftant, Et
quo nos paritas diuerfitas in celebratione fefto ã mobilis, & pro-
nuntiatione Lunae in Martyrologio oriatur. Qui autẽ fecus fece-
rit, excommunicationem latae fentẽtiae incurrat, fciatq; fe in iod
tiado Officio non fatisfeciffe. Decernentes p prefentes literas fub

quibusuis similium vel dissimilium gratiarum reuocationibus, suspensionibus, limitationibus, aut alijs contrarijs dispositionibus à nobis, & successoribus nostris pro tempore emanatis nullatenui comprehendi, sed semper ab illis exceptis, & quoties illæ emanabunt, toties in pristinū, & eū in quo antequam emanarent, statū restitutas, & repositas, & plenarie reintegratas, ac de nouo sub quacunque, etiā posteriori, data per Antoniū & successores præd ictæ quandocunq. eligida, ꝓcessas fore, & esse, itaq, per quoscunq. Iudices, & commissarios etiā causarum Palacii Apostolici Auditores, ac S. R. E. Cardinales, sublata eis, & eorū cuilibet quauis aliter iudicandi, & interpretandi facultate, & auctoritate, vbiq. iudicari & definiri debere, necnon irritũ, & inane, quicquid factũ super his à quoqꝰ, quauis auctoritate, scienter, vel ignoranter contigerit attentari. Quocirca mandamus venerabilibus Fratribus, Patriarchis, Archiepiscopis, Episcopis, & alijs locorum ordinarijs, necnon dilectis filijs eorum Vicarijs, & officialibus generalibus, ac pro nobis, & pro tempore existenti Rom. Pont. in statu temporali S. R. E. Legatis, Vicelegatis, & Gubernatoribus, in virtute sanctæ obedientiæ, eorum vero loca tenentibus, ac ceteris officialibus, & iustitiæ ministris quibuscunq. sub poena prædictā, & vt præ eruit incurrēd, & applican. vt quoties pro præsentiuum obseruatione, & executione requisiti fuerint in præmissis efficacis defensionis præsidio assistentes, faciant auctoritate nostra præsentes literas, & in eis contenta quæcunq. inuiolabiliter obseruari, contradictores & rebelles quicscunq. per supradictas sententias, censuras, & poenas, etiā sæpius illas aggrauando, & reaggrauando, ac alia iuris & facti remedia opportuna compescendo, inuocato etiā ad hoc, si opus fuerit, auxilio brachij secularī. Non obstan. fe, re, Bonifacij Papæ octaui prædecessoris nostri de vna, & in Concilio generali edita de duabus, nō tamen tribus diætis, ac alijs Apostolicis, necnō in prouincialibus, & Synodalibus Conciliis editis specialibus, vel generalibus constitutionibus, & ordinationibus, necnon etiā iuramento, confirmatione Apostolica, vel quauis firmitate alia roboratis statutis, & consuetudinibus, priuilegiis quoq. indultis, & literis Apostolicis Populo Romano, seu officinæ Impressoriæ Romæ ꝓstæ, ac quibusuis Collegiis, Communitatibus, Vniuersitatibus, & personis, per piæ me. Pium II L. & quoscinq. alios Romanos Pontifices, ac nos, & dictā sedem sub quibuscunq. tenoribus & firmis, etiā motu, scientia, & potestatis plenitudine, vel alias quomodolibet concessis, præterum illis, quibus inter alia caueri dicitur expresse, quod sacri, & alii inibi impressi libri, alibi quàm Romæ in dicta officina imprimi, aut impressi vendi non possint, sub censuris, & poenis tunc expressis: Quibus omnibus, et amsi de illis specialis mentio habenda esset, eorū tenores præsentibus pro expressis habentes, illis alias in suo robore permansuris hac vice dumtaxat specialiter, & expresse derogamus, ceterisq. contrarijs quibuscunque. Et quia difficile foret præsentes literas ad quæcunq. loca vbi opus fuerit deferri, volumus, & dictā auctoritate decernimus, quòd transumptis, vel exemplis earundem etiam in ipsis operibus impre ssis, plena, & eadem prorsus fides, in iudicio, & extra vbique adhibeatur, quæ ipsi originlibus adhiberetur, si forent exhibita, vel ostensæ. Datum Romæ, Apud Sanctum Petrum sub Annulo Piscatoris Die 4. Aprilis. M D LXXXII. Pontificatus Nostri Anno Decimo.

Ca. Glorierius.

KALENDARIVM

GREGORIANVM
ANNI CORRECTIONIS

M D LXXXII.

CANON
IN KALENDARIVM
GREGORIANVM

ANNI CORRECTIONIS
M D LXXXII.

ANNO Domini M D LXXXII. vtendum est antiquo Kalendario, quo ad hanc vsque diem Ecclesia Romana vsa est, vsque ad iiij. Nonas Octob. hoc est, vsque ad festum S. Francisci inclusiue: Deinde vero assumendum est fragmentum hoc Kalendarij continens tres vltimos menses, quorum October mutilus etiam est, cum dies duntaxat 21. complectatur. Quoniam enim, vt Aequinoctium vernum ad diem 21. Martij, quo ipsum Patres Concilij Niceni deprehenderunt, & à quo iam decem circiter dies versus initium Martij recessit, restituatur, sancitum est à Gregorio XIII. Pont. Opt. Max. vt post iiij. Non. Octob. omittantur x. dies; transiliendum statim erit à iiij. Non. Octob. ad Idus Octob. ita vt celebrata festiuitate S. Francisci, dies sequens dicatur Idus Octob. siue dies Quintusdecimus Octob. in eoq. celebretur festum SS. Dionyhj, Rustici, & Eleutherij Martyrum, cum commemoratione S. Marci Papæ & Conf. & SS. Sergij, Bacchi, Marcelli, & Apuleij Mart. Die vero proxima, quæ est 16. Octob. diciturq. xvj). Kal. Nouemb. dies festus agatur S. Calisti Papæ & Mart. Die deinde sequenti, quæ est 17. Octob. diciturq. xvj. Kal. Nouemb. dicatur officium, & Missa de Dominica xviij. post Pentecosten, quæ erit Dominica tertia Octobris, mutata litera Dominicali g. in e. Decimooctauo vero die Octob. siue Quintodecimo Kal. Nouemb. celebretur festum S. Lucæ Euangelistæ; & ab hac die inclusiue reliqui festi dies agantur, vt sunt in Kalendario definidescripti, vsq. ad finem anni M D LXXXII. post qué, fragmentum hoc Kalendarij nullum vsum amplius habebit, sed Kalendarium perpetuum asciscendum erit, in quo omnes 12. menses integri descripti sunt. Quod etiã intelligas de alijs annis, in quibus correctio hæc fiet.

ITAQVE post detractionem x. dierum de mensê Octobri anni M D LXXXII. litera Dominicalis erit c: Epacta autem erit xxvj. & litera Martyrologij erit G, maiusc. vt in proprijs Canonibus Kalendarij, & Martyrologij docetur: adeo vt vbicumque in hoc fragmento Kalendarij reperitur litera c, ibi dies Dominicus celebretur. Vbicumque autem Epacta xxvj. posita est, ibi sit Nouilunium, seu Luna 1. Denique vbicumque in Martyrologio litera G, maiusc. extiterit, ibi sub ea ætas Lunæ deprehendatur. Anno autê M D LXXXIII. iam emendato adhibendi erunt canones Kalendarij Gregoriani perpetui. Erit enim tunc litera Dominicalis b. Epacta autem vij. & litera Martyrologij g, minusc.

QVID autê faciendû sit in regionibus remotioribus, in quib' correctio fieri nô potest anno M D LXXXII. sed vel anno M D LXXXIII. vel M D LXXXIIII. vel M D LXXXV. dicetur post finem huius fragmenti Kalendarij.

Cycl's. Epa-		Dies	OCTOBER.
pact. An. Di-			Cui defunt deco dies p
Corre&as caus			correctioe Anni Solaris.

xxi	a			1	Remigii Epi & Confess
xx	b	vi		2	
xix	c	v		3	Francisci Confes.
viii	d	iiii	No.	4	dupl.
				15	Dionysii, Ruftici, & Eleu-
					therii mart.
					S. Marci Papæ &
					conf. & SS. Sergii, Bac
					chi, Marcelli, & Apuleii
					martyrum. femid.
	b	xvii		16	Califti Papę & m.
vi	c	xvi		17	Lucæ Euangeliftę.
v	d	xv		18	dup.
iiii	e	xiiii		19	
iii	f	xiii		20	
ii	g	xii		21	Hilarionis Abbatis.
					SS. Vrfulę & foc.
					Virginum, & mart.
i					
*		xi		22	
xxix	b	x		23	
xxviii	c	ix		24	
xxvii	d	viii		25	Chryfanthi & Dariæ m.
xxvi	e	vii		26	Euarifti Papæ & mart.
xxv	f	vi		27	S. Vigilia, & Iudæ Apofto
xxiiii	g	v		28	lorum, duplex.
xxiii	A	iiii		29	
xxii	b	iii		30	
xxi	c	ii	Prid	31	Vigilia.

NOVEM-

Cycl' & Lit	pad. Ap. Dei Cor. 1582 cal.		Dies mẽ fis.	Dies NOVEMBER Anni Correctionis.
xx		Ka		Feſtũ omniũ Sãctorũ.
	d		1	Commem. omniũ dup.
	e	iiii	2	
xviiif	f	iii Prid.	3	dupl. & de octau. omniũ De octaua. (Sanct.
xvi	g	A pNoñ.	4	De octaua. SS. Vi talis & Agricolæ mart.
			5	De octaua.
xv	b	viii	6	De octaua. dup. & cõm.
xiiii	c	vii	7	De octaua.
	d	vi	8	Oct. om. SS. SS. quattuor Coro mar.
xii	e	v	9	dup. S. Theod. m.
xi	f	iiii	10	Tryphonis, Reſpicij, & Nymphæ mart.
x	g	iii pr.d.	11	dupl. S. Menæ mart.
ix		Idib.	12	Martini Papæ & m.
viii	b		13	
vii	c	xviii	14	
vi	d	xvii	15	
v	e	xvi	16	(& Conf.
iiii	f	xv	17	Gregorij Thaumaturgi epi
iii	g	xiiii	18	duplex.
		xiii	19	Pontiani Papæ & mart.
i	b	xii	20	
	c	xi	21	ſemid.
xviii		x	22	Cæciliæ virg. & m.
	e	ix	23	Clementis pp & m.
xvi	f	viii	24	Felicitatis mart. Chryfogoni mart.
xv	g	vii	25	dup.
xiiii	b	vi	26	Petri Alexãdrini epi & m.
	c	v	27	
	d	iiii	28	& Conf. mart.
	d	iii	29	Vigilia. S. Satur.
	c		30	dupl.

Cycl. Ep. pact. An. Correcti	Liæ Dñi cale.		Dies men fis.	DECEMBER Anni Correctionis.
xx	f	Kal.	1	
xix	g	iiii	2	Bibianæ virg. & m̃. com̃.
xviii	A	iii	3	
xvii	b	Prid.	4	Barbaræ virg. & mart. cõ.
xvi	c	Non.	5	Sabbæ Abbatis. comm.
xv	d	viii	6	Nicolai epi & cõf. femid.
xiiii	e	vii	7	Ambrosii epi & Conf. & Ecclesiæ Doct dupl.
xiii	f	vi	8	Cõceptio B. Mariæ. dup.
xii	g	v	9	
xi	A	iiii	10	Melchiadis p̃p̃ & m̃. com̃.
x	b	iii	11	Damaſi Papæ & cõf. femi.
ix	c	Prid.	12	
viii	d	Idib.	13	Luciæ virg. & mart. dup.
vii	e	xix	14	
vi	f	xviii	15	
v	g	xvii	16	
iiii	A	xvi	17	
iii	b	xv	18	
ii	c	xiiii	19	
i	d	xiii	20	Vigilia.
*	e	xii	21	Thomæ Apoſtoli. dup.
xxix	f	xi	22	
xxviii	g	x	23	
xxvii	A	ix	24	Vigilia. (dup.
xxvi	b	viii	25	Natiu. D. N. Ieſu Chriſti.
25	xxv	c	vii	26	Stephani protomar. dupl. & cõm Octauæ Natiuit.
xxiiii	d	vi	27	Ioãnis Apoſtoli & Euãg. dup. & cõm. Octau.
xxiii	e	v	28	SS. Innocentũ Martyrũ. dup. & cõm. Octau.
xxii	f	iiii	29	Thomæ Cãtuar. epi & m̃. femid. & cõm. Octau.
xxi	g	iii	30	De Dñic. iſra Oct. Nat. vel de oct. cũ cõ aliarũ oct.
19	xx	A	Prid.	31	Silueſtri Papæ & Conf. dup. & cõm. Octauar.

QVID OBSERVANDVM
SIT, SI CORRECTIO KALEN-
DARII NON FIAT ANNO
M D LXXXII.

IDEM prorfus fragmentum Kalendarij anni correctionis M D LXXXII. affumendum eft, quocumque anno fiat correctio, & à iiij. Non. Octob. ftatim ad Idus Octob. tranfeundum, vt dictum eft : fed fefta inter diem S. Francifci, & diem S. Lucæ Euangeliftæ celebranda erunt, vt fequitur.

Si correctio inftituatur anno M D LXXXIII. dies feftiuitati S. Frácifci fuccedens dicatur Idus Octob. fiue dies 15. Octob. & in eo celebretur feftum SS. Dionyfij, Ruftici, & Eleutherij Mart. cum comm. S. Marci Papæ & Confeff. & SS. Sergij, Bacchi, Marcelli, & Apuleij Mart. Die vero proxima, quæ eft 16. Octob. diciturq. xvij. Kal. Nouemb. fiat officium & Miffa de Dominica xx. poft Pentecoften, quæ erit Dominica tertia Octobris, mutata litera Dominicali f, in b. Die deinde fequenti, quæ eft 17. Octob. diciturq. xvj. Kal. Nouemb. dies feftus agatur S. Califti Papæ & Mart. Die vero 18. Octob. fiue xv. Kal. Nouemb. celebretur feftum S. Lucæ Euangeliftæ; & ab hac die inclufiue reliqui fefti dies agantur, vt in Kalendario funt defcripti. Itaque anno M D LXXXIII. poft detractionem x. dierum de menfe Octobri erit litera Dominicalis b, Epacta autem vij. & litera Martyrologii g, minufc

Si vero correctio inftituatur anno M D LXXXIIII. biffextili, in quo literæ Dominicales funt e, d, primus dies feftum S. Francifci infequens dicatur Idus Octob. fiue dies 15. Octob. & in eo celebretur feftum Sancti Marci Papæ & Confeff. cú comm. SS. Sergij, Bacchi, Marcelli, & Apulei martyr. Die vero proxima, quæ eft 16. Octob.

SS. Dionyſii, Ruſtici, & Eleutherii martyrum . Die autem ſequenti, quæ eſt 17. Octob. diciturq. xvi. Kal. Nouemb. celebretur feſtum S. Caliſti Papæ & mart. Die vero 18. Octob. ſiue xv Kal. Nouemb. celebretur feſtum S. Lucæ Euangeliſtæ. Sequenti deinde die 19. hoc eſt, xiiij. Kal. Nouemb. dicatur officium, & Miſſa de feria vi. Dominicæ xvii. poſt Pentecoſten, quæ eſt ſecúda Octob. Et die inſequenti, id eſt, xiii. Kal. Nouemb. fiat officium, & Miſſa de B. Virgine, vt in Sabbato fieri ſolet. Die autem 21. Octob. dicatur officium, & Miſſa de Dominica xviii. poſt Pentecoſten , quæ erit Dominica tertia Octobris, mutata litera Dominicali d, in g, vna cum commem. S. Hilarionis Abb. & SS. Vrſulæ , & ſociarum Virg. & Mart. &c. Itaque anno M D LXXXIIII. poſt detractionē x. dierum de menſe Octobri erit litera Dñicalis g, Epacta autē xviii. & litera Martyrologii t.

Quod ſi correctio inſtituatur anno M D LXXXV. primus dies poſt feſtum S Franciſci dicatur Idus , vel dies 15. Octob & in eo celebretur feſtum S. Marci Papæ & Confeſſ. & commem. SS. Sergii, Bacchi, Marcelli, & Apuleii Mart. Die vero 16. Octob. dies feſtus agatur SS. Dionyſii, Ruſtici, & Eleutherii Martyrum . Et die 17. Octob. fiat feſtum S. Caliſti Papæ & martyris. Die vero 18. feſtum S. Lucæ Euangeliſtæ celebretur. At die 19. officium , & Miſſa dicatur de B. Virgine , quia ſabbatum eſt. Die autem 20. fiat officium, & Miſſa de Dominica xix. poſt Pentecoſten, quæ erit Dominica tertia Octobris, mutata litera Dominicali c, in f, &cet Itaque anno M D LXXXV poſt detractionem x. dierum ex menſe Octobri litera Dominicalis erit f. Epacta autem xxix. & litera Martyrologii N, maiuſc.

Ex his facile intelligetur, quid faciendum ſit in quolibet alio anno, in quo fiet correctio , ſi diligenter obſeruetur dies Dominica, & litera Dominicalis, quæ aſſumenda eſt. Anno vero , qui annum correctionis inſequetur, vtendum erit Kalendario Gregoriano perpetuo , & adhibendi quoque Canones eiuſdem Kalendarii.

F I N I S.

CANONES
IN KALENDARIVM
GREGORIANVM
PERPETVVM.

Canon I.

DE CYCLO DECENNOVEN
NALI AVREI NVMERI.

YCLVS Decennouennalis Aurei
numeri est reuolutio numeri 19. annorum ab 1. vsque ad 19. qua reuolutione peracta , iterum ad vnitatem reditur. Verbi gratia. Anno 1577. Numerus cycli decennouennalis, qui dici
tur Aureus, est 1. Anno sequéti 1578.
est 2. & ita deinceps in sequentibus annis , vno semper
amplius, vsque ad 19. qui Aureus numerus cadet in annum 1595. post quem iterum ad vnitatem redeundum
est, ita vt anno 1596. Aureus numerus sit rursus 1. & anno 1597. sit 2. &c Continet autem hic cyclus Aurei
numeri annos 19 quia post 19. annos solares elapsos re-
uertuntur Nouilunia ad eosdem dies mensium , licet
non omnino præcise , sed aliqua diei particula citius , vt
à Computistis , & in libro nouæ rationis restituendi Kalendarij Romani ostenditur . Quilibet vero annus Aurei numeri terminatur in fine mensis Decembris , & in
principio Ianuarij sequentis anni initium sumit alius annus Aurei numeri : quemadmodum etiá fit in annis Domini, qui semper terminantur in mense Decembri, & initium sumunt à Ianuario. Vt anno Domini 1581. annus
cycli decennouennalis, qui dicitur Aureus numerus, est
6 terminaturq̃ simul cum ipso anno Domini 1581 in men

B   se De-

se Decembri: In mense autem Ianuario initiũ sumit **alius**
annus Domini, nempe 1583. & in eodem mense Ianuario assumitur etiam alius annus Aurei numeri, nimirum
7. Et ita deinceps agendum erit in alijs annis, quousq̃.
perficiatur numerus 19. à quo iterum redeundum est ad
vnitatem: atq. hoc modo in perpetuum. Hoc cyclo de-
cennoũēnali Aurei numeri per dies Kalendarij distribu-
to Ecclesia Romana ad hanc vsque diem vsa est tum ad
coniunctiones Solis ac Lunæ inquirẽdas, tum vero maxime ad inueniendum diem festum Paschæ, & ad inda-
gãda alia festa mobilia:propterea quòd veteres putabant
Nouilunia, transacto spatio 19. annõrum solarium, ad
eundem prorsus diem, eandemq. horam redire; quod
verum non est, cum Nouilunia paulo citius, quàm spa-
tium 19. annorum Solarium compleatur, ad eandem sedem redeant, vt dictum est. Hinc factum est, vt Nouilunia hoc tẽpore plus quàm quatuor dies distent ab Aureo numero in veteri Kalendario Romano;& secundum
illius normam Pascha sæpenumero post xx). Lunam, con
tra Maiorum instituta, celebretur: adeo vt cyclus hic
Aurei numeri inutilis omnino iam sit inuentus ad Nouilunia, festaq. mobilia indicanda, idemq. magis ac magis
in dies futurus sit inutilis tum propter decẽ dies ex men
se Octobri anni 1582. auferendos, tum etiam propter
tres Bissextos omittendos quibusq. quadringentis annis;
nisi in 30. ordines redigatur, hoc est, nisi 30. Kalendaria
construantur,vt ex illis seligatur semper illud,quod cer-
to cuidam tempori congruit : quæ res, quantas pertur-
bationes, quantosq.sumptus,personis præsertim Eccle-
siasticis, esset allatura,nemo non videt. Hoc incommo-
dum vt vitetur, substitutus est in locum Aurei numeri
in Kalendario Cyclus Epactarum constans ex 30.nume-
ris Epactalibus : qui quidem nihil aliud est, quàm cyclus
decennouennalis Aurei numeri æquatus, ita vt sit instar
Aurei numeri in 30. Kalendaria, de quibus dictum est,
distributi, vt in libro nouæ rationis restituendi Kalendarii Romani declaratur. Aureo numero vtemur in posterum, non quidem ad Nouilunia, & festa mobilia in-
quirenda, vt ad hanc vsq. diem factum est ab Ecclesia,
                                                    sed

sed solum ad inuestigandam Epactam cuiuslibet anni, ex
qua & Nouilunia, & festa mobilia deinde reperiantur, vt
in sequenti canone docebimus: ita vt etiam nunc necessarium omnino sit Aureum numerum quouis anno indagare, licet is de Kalendario sit submotus, locumq. amplius non habeat ad Nouilunia, festaq. mobilia inuenienda.

Igitur vt Aureus numerus quolibet anno proposito
inueniatur, composita est sequens tabella Aureorum numerorum, cuius usus incipit ab anno correctionis 1582.
inclusiue, duratq. in perpetuum. Ex ea enim Aureus numerus cuiuslibet anni post annum 1582. reperietur hoc
modo.

Tabella cycli Aurei numeri initium sumens
ab anno correctionis 1582.

VI.	VII.	VIII.	IX.	X.	XI.	XII.	XIII.	XIIII.	XV.	XVI.	XVII.
XVIII.	XIX.	I.	II.	III.	IIII.	V.					

Anno 1582. tribuitur primus numerus tabellæ, qui est
vi. secundus autem, qui est vii sequenti anno 1583. &
ita deinceps in infinitum, donec ad annum, cuius Aureum numerum quæris, peruениatur, redeundo ad principiū tabellæ, quotiescunq. eam percurreris. Nam numerus, in quem annus propositus cadit, dabit Aureum numerum quæsitum.

Sed quoniam valde laboriosum est, ac molestum, tot
annos in dicta tabella enumerare, eamq. toties repetere,
donec ad annum, cuius Aureus numerus quæritur, peruениatur, præsertim vero, si annus propositus procul
ab anno 1582. absit, construximus hanc aliam tabulam,
ex qua sine magno labore Aureus numerus cuiuscunque anni tam ante, quam post annum 1582. inuenietur
hac arte.

QVAERATVR annus propositus in tabula sub
annis Domini, qui si descriptus in ea fuerit, Aureus numerus ad dexteram ipsius collocatus, additis prius vnitate

B   tate

Tabula ad Aureum numerum cuiuslibet anni inueniendum.

Anni Domini	Aureus numer* Adde	Anni Domini	Aureus numer* Adde
	1		1
1	1	300	15
2	2	400	1
3	3	500	6
4	4	600	11
5	4	700	16
6	6	800	2
7	7	900	7
8	8	1000	12
9	9	2000	4
10	10	3000	17
20	1	4000	10
30	11	5000	1
40	2	6000	15
50	12	7000	8
60	3	8000	1
70	13	9000	11
80	4	10000	6
90	14	20000	12
100	5	30000	18
200	10	40000	5

accipiatur annus in tabula contentus proxime minor,
vna cum Aureo numero respondente: Deinde sumun-
tur

turin eadem tabula anni, qui fuperſunt, una cum Aureo numero reſpondente, qui priori Aureo numero in-
uentq̄ addatur, reiiciantur q̄. à compoſito numero 19. ſi
reiici poſſunt. Et tandem vnitas adiiciatur. Componetur enim hac ratione Aureus numerus propoſiti anni.
Quòd ſi neque anni, qui ſuperfuerunt, in tabula reperiantur, accipiendus erit rurſum annus proxime minor, una cum eius Aureo numero, qui priori Aureo
numero inuento adiiciendus eſt, & à compoſito numero reiicienda 19. ſi reiici poſſunt: Idemq̄. faciendum
erit cum reliquis annis, qui ſuperſunt, donec omnes in
tabula inueneris; Et tandem vltimo Aureo numero ex
Aureis numeris in tabula repertis côfecto (reiectis prius
19. ſi reiici poſſunt, vt dictum eſt) addenda vnitas. Con
ficietur enim hoc modo Aureus numerus anni propoſiti. Quòd ſi poſt additionem vnitatis numerus compoſitus fuerit 19. ita vt, detractis 19. nihil remaneat, erit
Aureus numerus 19.

Exemplis res fiet illuſtrior. Sit inueniendus Aureus
numerus anni 700. Quoniam hic annus in tabula reperitur, eiq̄. teſpondet Aureus numerus 16. ſi huic Aureo numero adiiciatur 1. erit anno 700. Aureus numerus 17. Rurſus inueniendus proponatur Aureus numerus anno 1583. Quoniam hic annus in tabula non
exiſtit, ſumendus eſt annus 1000. in tabula proxime minor, eiuſq̄. Aureus numerus 12. Deinde accipiendi in tabula anni reſidui 583. qui quoniam in ea non continentur, capiendus iterum eſt annus 500. in tabula proxime minor, eiuſque Aureus numerus 6. quo ad priorem
Aureum numerum 12. inuentum adiecto, conficietur numerus 18. Poſt hæc anni 83. qui ſuperſunt, ſumendi in tabula, ſed quoniam non reperiuntur, accipiendus
eſt annus 80. in tabula proxime minor, eiuſque Aureus numerus 4. quo appoſito ad Aureum numerum 18.
prius compoſitum, efficietur numerus 22. à quo ſi detrahantur 19. remanebunt 3. Poſtremo remanentes
anni 3. ſumendi ſunt in tabula, & Aureus numerus 3.
illis reſpondens: quo adiecto ad Aureum numerum 3.
proxime relictum, componetur numerus 6. cui tandem

ſi addatur 1. vt in vertice tabulæ præcipitur, erit anno
1583. Aureus numerus 7. Sit denique quærendus Aureus numerus anni 1595. Accipio primum Aureum numerum 12. reſpondentem anno 1000. eumq. addo Aureo numero 6. qui anno 500. reſpondet, conficioq. numerum 18. Deinde Aureum numerum 14. reſpondentem anno 90. addo illi Aureo numero 18. inuento, pro-
creoq. numerum 32. à quo detractis 19. remanet numerus 13. cui adiungo Aureum numerum 5. reſpondentem anno 5. efficioq. numerum 18. Huic tandem ſi ad-
dam 1. habebo 19. pro Aureo numero anni 1595.

Additur autem ſemper vltimo numero vnitas, quia
Chriſtus anno ſecundo huius cycli Aurei numeri natus
eſt, fuitq. anno Domini primo Aureus numerus 2. & anno ſecundo Aureus numerus 3. & c.

Compoſitio quoque huius tabulæ perfacilis eſt. Primis enim 10. annis reſpondent primi decem Aurei numeri. Deinde quia à 10. anno progreditur tabula per
annos decimos, reſpondetq. anno 10. Aureus numerus
10. ita vt ſingulis 10. annis Aureus numerus 10. vnitati-
bus augeatur, duplicandus erit Aureus numerus 10. reſpondens 10 anno, & à producto numero 20. reijcienda
19. vt habeatur Aureus numerus 1. reſpondens anno 20.
Cui Aureo numero 1. iterum adijciendus eſt Aureus numerus 10. decimi anni, vt componatur Aureus numerus
11. pro anno 30. atque hoc modo pro ſequentibus deci-
mis annis vſque ad 100. addendus ſemper eſt Aureus numerus 10. præcedenti Aureo numero, & reijcienda 19. ſi
reijci poſſunt, vt habeatur ſequens Aureus numerus.
Poſt hæc, quia in tabula poſt annum 100. fit progreſſio
per annos centeſimos, reſpondetq. anno 100. Aureus
numerus 5. duplicandus erit Aureus numerus 5. vt componatur Aureus numerus 10. pro anno 200. quandoqui-
dem ſingulis annis 100. Aureus numerus augetur 5. vni-
tatibus. Aureo numero vero 10. iterum addendus erit
Aureus numerus 5. centeſimi anni, vt gignatur Aureus numerus 15. pro anno 300. atque ita pro ſequentibus annis centeſimis vſque ad 1000. addendus ſemper
eſt Aureus numerus 5. præcedenti Aureo numero, &
reijcien-

reiicienda 19.quando poſſunt reiici, vt exurgat ſequens
Aureus numerus . Hac arte tabulam extendere poteris
ad quotcunque annos, ſi obſerues, per quos annos tabula progrediatur , & qui Aureus numerus reſpondeat illi
anno, à quo progreſſio incipit . Ita vides ab anno mille-
ſimo vſque ad annum 10000. præcedenti Aureo numero
ſemper adictum eſſe Aureum numerum 12. & abiecta eſſe 19. quando reiici potuerunt; quia progreſſio annorum incipit tunc ab anno 1000. proceditq̄, per annos
milleſimos vſque ad annum 10000. & præterea anno
1000. reſpondet Aureus numerus 12.&c.

Porro ſine hac tabula facilimo quoque negotio per
præcepta Arithmetices Aureus numerus cuiuslibet anni
reperietur hoc modo. Anno Domini propoſito addatur
1. & numerus compoſitus per 19. diuidatur . Numerus
enim, qui ex diuiſione relinquitur , (nulla habita ratione
quotientis numeri. Hic enim ſolum oſtendit , quot reuolutiones Aurei numeri à Chriſto vſq̄. ad annum propoſitum peractæ ſint) erit Aureus numerus anni propoſiti . Et ſi ex diuiſione nihil remanet, erit Aureus numerus 19. Vt ſi quæratur Aureus numerus anni 1584. Addo
1. & compoſitum numerū 1585. diuido per 19. inuenioq̄,
ex diuiſione relinqui 8. Erit ergo anno 1584. Aureus numerus 8. Rurſus ſi anno 1595. quærendus ſit Aureus numerus; addita vnitate, ſit numerus 1596. quo diuiſo per
19. nihil ſupereſt . Erit igitur tunc Aureus numerus 19.
Item ſi anno 1600. addatur 1. fiet numerus 1601. quo
diuiſo per 19. relinquentur 5. pro Aureo numero anni
1600. Atque ita de cæteris.

DE EPACTIS ET NOVILVNIIS.

EPACTA nihil aliud est, quàm nume rus dierum, quibus annus Solaris communis dierum 365. annum communem Lunarem dierum 354. superat : ita vt Epacta primi anni sit 11. cum hoc numero annus Solaris communis Lunarem annum communem excedat ; atque adeo sequenti anno Nouilunia contingant 11. diebus prius, quàm anno primo. Ex quo fit, Epactam secundi anni esse 22. cum eo anno rursum annus Solaris Lunarem annum superet 11. diebus, qui additi ad 11. dies primi anni efficiunt 22. ac proinde, finito hoc anno, Nouilunia côtingere 22. diebus prius, quàm primo anno: Epactam autem tertii anni esse 3. quia si rursus 11. dies ad 22. adijciantur, efficietur numerus 33. à quo si reiiciantur 30. dies, qui vnam Lunationem Embolismalem constituunt, relinquentur 3. atque ita deinceps. Progrediuntur enim Epactæ omnes per continuum augmentum 11. dierum, abiectis tamen 30. quando reiici possunt. Solum quando peruentum erit ad vltimam Epactam Aureo numero 19. respondentem, quæ est 29. adduntur 11. vt abiectis 30. ex composito numero 41. habeatur rursus Epacta 11. vt in principio. Quod ideo fit, vt vltima Lunatio Embolismica, currente Aureo numero 19. sit tantù 29. dierum. Si enim 30. dies contineret, vt aliæ sex Lunationes Embolismicæ, non redirent Nouilunia post 19. annos Solares ad eosdem dies, sed versus calcem mensium prolaberentur, contingerentq. vno die tardius, quàm ante 19. annos De qua re plura inuenies in libro nouæ rationis restituendi Kalendarii Romani. Sunt autem nouemdecim Epactæ, quot & Aurei numeri, respondebantq. ipsis Aureis numeris ante Kalendarii correctionem eo modo, quo in hac tabella dispositæ sunt.

Tabella

Quia vero cyclus decennouennalis Aurei numeri imperfectus est, cum Nouilunia post 19. annos Solares nó
precise ad eadem loca redeant, vt dictum est, imperfectus
etiam erit hic cyclus 19. Epactarum. Quamobrem eum
ita emendauimus, vt in posterum loco Aurei numeri, &
dictarum 19. Epactarum vtamur 30. numeris Epactalibus
ab 1. vsque ad 30. ordine progredientibus, quamuis vlti
ma Epacta, siue quæ ordine est trigesima, notata numero
non sit, sed signo hoc *. propterea quòd nulla Epacta
esse possit 30. Variis autem temporibus ex his 30. Epa-
ctis respondent decem & nouem Aureis numeris variæ
decem & nouem Epactæ, prout Solaris anni, ac Lunaris
æquatio exposcit: quæ quidem decem & nouem Epactæ
progrediuntur, vt olim, per eundem numerum 11. ad-
dunturq. semper 11. illi Epactæ, quæ respondet Aureo
numero 19. ut habeatur seqûs Epacta respódens Aureo
numero 1. ob rationem paulo ante dictam. Id quod sequentes tres tabellæ perspicuum faciunt: quarum prima
continet Aureos numeros, & Epactas inter se respon-
dentes ab anno correctionis 1582. post detractionem x.
dierum, vsque ad annum 1700. exclusiue, quo anno secunda tabella assumenda est, & tertia anno 1900. atque
ita deinceps alia atque alia, vt infra docebimus. Quæ
quidem omnia vberius in libro nouæ rationis restituendi Kalendarij Romani explicantur. Quamuis autem vul
gares Epactæ mutentur in Martio, re ipsa tamen in principio anni mutandæ sunt, uná cum Aureo numero, in cuius locum hæ nostræ Epactæ succedunt.
Quælibet autem tabella ab eo Aureo numero initium su
mit, qui illo anno currit, à quo vsus tabellæ incipit: Et licet in his tabellis diuersæ semper Epactæ Aureis numeris

Tabella Epactarum respondentium Aureis numeris
ab Idibus Octobris anni correctionis 1582.
detractis prius x. diebus, vsq. ad annum
1700. exclusiue.

Aurei num.	6.	7.	8.	9.	10.	11.	12.	13.
Epactæ	xxvi.	vii.	xviii.	xxix.	x.	xxi.	ii.	xiii.

14.	15.	16.	17.	18.	19.	1.	2.	3.	4.	5.
xxiiii.	v.	xvi.	xxvii.	viii.	xix.	x.	xii.	xxiii.	iiii.	xv.

Tabella Epactarum respondentium Aureis numeris
ab anno 1700. inclusiue vsq. ad annum
1900. exclusiue.

Aurei num.	10.	11.	12.	13.	14.	15.	16.	17.
Epacte	ix.	xx.	i.	xii.	xxiii.	iiii.	xv.	xxvi.

18.	19.	1.	2.	3.	4.	5.	6.	7.	8.	9.
vii.	xviii.	*.	xi.	xxii.	iii.	xiiii.	xxv.	vi.	xvii.	xxviii.

Tabella Epactarum respondentium Aureis numeris
ab anno 1900. inclusiue vsq. ad annum
2200. exclusiue.

Aurei num.	1.	2.	3.	4.	5.	6.	7.	8.	9.
Epactæ.	xxix.	x.	xxi.	ii.	xiii.	xxiiii.	v.	xvi.	xxvii.

10.	11.	12.	13.	14.	15.	16.	17.	18.	19.
viii.	xix.	*.	xi.	xxii.	iii.	xiiii.	xxv.	vi.	xvii.

ris respondeant, aliquando tamen continget, vt eisdem
Aureis numeris eædem Epactæ respondeant, quæ olim
ante correctionem Kalendarii.

Itaque si Epacta quocunque anno proposito inuenien
da sit, quærendus est Aureus numerus illius anni in superiori ordine illius tabellæ, quæ illi tempori, in quo
propo-

propofitus annus continetur, congruit. Mox enim
fub Aureo numero in inferiori ordine tabellæ reperietur Epacta anni propofiti, vel certe hoc fignum *. Vbi
ergo illa Epacta, vel fignum *. in Kalendario inuentum
fuerit, eo die Nouilunium fiet. Inuenietur autem Aureus
numerus vel ex antecedente canone, vel ex tabella Epactarum propofito tempori congruente, tribuendo primum Aureum numerũ illius tabellæ illi anno, à quo vfus
tabellæ incipit, & fecundum Aureum numerũ fequenti
anno, &c. Eodem modo reperietur Epacta fine Aureo
numero, fi prima Epacta tabellæ tribuatur illi anno, à
quo eius vfus incipit, & fecunda Epacta fequenti anno, &c.

Exemplum. Anno correctionis 1582. Aureus numerus eft 6. nempe primus primæ tabellæ, cuius vfus incipit
ab Idib° Octobris anni correctionis 1582. detractis priùs
x. diebus. Erit ergo tunc Epacta xxvj. quæ fub Aureo nu
mero 6. collocatur: fietq. Nouiluniũ die 27. Octob. & 26.
Nouemb. & 25. Decemb. Item anno 1583. iam corre-
cto Aureus numerus eft 7. cui in eadem tabella fuppofita
eft Epacta vij quæ toto eo anno in Kalendario Nouilunia indicabit: vt in Ianuario die 24. In Febr. 22. In
Martio die 24. &c. Rurfus anno 1710. Aureus numerus
eft 1. fub quo in ordine Epactarum fecundæ tabellæ, quæ
anno propofito cõgruit. collocatur hoc fignum *. quod
in Kalendario toto eo anno Nouilunia demonftrabit
niminum in Ianuario die 1 & 31. In Martio (Nam in Februario nullum tunc erit Nouilunium, cum in eo fignũ
*. non reperiatur) die 1. & 31. In Aprili die 29. &c.
Poftremo anno 1016. Aureus numerus eft 17. fub quo
in ordine Epactarum tertiæ tabellæ, quæ propofito anno
congruit, reperitur Epacta 25. non nullo colore. & antiquo numero, vt alię Epactæ, fed nigro atramento, &
vulgari numero fcripta. Vbicunque ergo anno 1016. in
Kalendario Epacta 25. nigra reperitur, ibi Nouilunium
erit. Vt in Ianuario die 6. In Februario die 4. In Martio
die 6. In Aprili die 1. &c. Quotiefcunque enim Epacta
refpondet Aureis numeris maioribus quàm 11. quorum funt pofteriores octo à 12. vfque ad 19. fumenda eft

in Kalendario Epacta 25. nigra: quando vero eadem Epacta 25. respondet minoribus Aureis numeris, quàm 12. quales sunt priores vndecim ab 1. vsque ad 11. inclusiuè, accipienda est in Kalendario Epacta xxv. rubra, & antiquo numero scripta: Atque hoc solum contingit in Epacta 25. & in aliis nunquam. Quod ideo sit, vt anni Lunares perfectius Solaribus annis respondeant: Ob quam etiam causam in sex locis Kalendarii duæ Epactæ, scilicet xxv. & xxiiii. ad eundem diem sunt ascriptæ, vt nimirum Lunationes ita sibi mutuo succedant, vt alternatim sex contineant dies 30. & sex aliæ dies tantum 29. complectantur. Id quod abunde in libro nouæ rationis restituendi Kalendarii Romani explicatum est.

Quod si quando Epactæ per dies Kalendarii distributæ indicent Nouilunia paulo serius, quàm res postulet, mirandum non est, cum maturo consilio ita sint dispositæ, Cum enim nullus cyclus Lunaris ad vnguē calculo Astronomico respondere possit, sed modo citius, modo tardius Nouilunia indicet, data est diligenter opera in distribuendo cyclo hoc 30. Epactarum in Kalendario, vt potius Nouilunia serius aliquádo per Epactas demonstrentur, quàm vt aliquando sedes suas anteuertant, ne cum Quartadecimanis hæreticis sacrosanctū Pascha vel in xiiii. Luna, vel ante celebretur: Adeo vt propter celebrationem Paschæ maior sit habita ratio xiiii. Lunæ, vel Plenilunii, quàm Nouilunii; neque magni refert, si aliquando, quod raro tamen accidit, propter hanc Nouilunii postpositionem contingat Pascha celebrari post diē xxi Lunæ. Minus enim hoc peccatum est, quàm si ante diem xiiii. Lunæ celebretur, vel in vltimo mense. quod esset absurdissimum. Sed de his plura in libro nouæ rationis restituendi Kalendarii Romani, vel etiam hypotheses, quæ in hac correctione Kalendarii assumptæ sunt, in medium afferentur.

Verum, vt videas, vnde præcedentes res tabellæ sint depromptæ, & qua arte aliæ construi possint, addita est sequens tabella cycli Epactarum perpetua, vna cum tabula æquationis cycli Epactarum, ex qua cuiusque anni Epacta reperietur in perpetuum. Rationem constructio-

ai

nis tam tabellæ cycli Epactarum perpetuæ, quàm tabulæ
æquationis cycli Epactarum , quoniam paucis expli-
cari non poteſt , deſumunturque literæ alphabeti ex tabula cycli Epactarum expanſa , conſulto in librum nouæ
rationis reſtituendi Kalendarii Romani , vbi tabula illa
expanſa continetur, reſicimus.

Tabella Cycli Epactarum Perpetua.

P	C	e	p	F	ſ	e	M	I	A.
*	xi	xxii	iii	xiiii	xxv.	25.	vi	xvii	xxviii	ix	xx.

s	m	D	d	q	G	g	r	N	K	B.
					xxvi	vii	xviii	xxix	x	xxi.

Tabula æquationis Cycli Epactarum perpetui.

	Anni Dni		Anni Dni		Anni Dni
N	1	A	2200	†	3600 Biſſ.
P	310 Biſſ.	u	2300	p	3700
P	500 Biſſ.	A	2400 Biſſ.	n	3800
a	800 Biſſ.	u	2500	n	3900
b	1100 Biſſ.	t	2600	n	4000 Biſſ.
c	1400 Biſſ.	t	2700	m	4100
Detractis x. diebᵇ.		k	2800 Biſſ.	l	4200
D	1582	s	2900	l	4300
D	1600 Biſſ.	s	3000	l	4400 Biſſ.
C	1700	r	3100	k	4500
C	1800	r	3200 Biſſ.	k	4600
B	1900	r	3300	l	4700
B	2000 Biſſ.	q	3400	l	4800 Biſſ.
B	2100	p	3500	l	4900

Vtriuſque autem vſus hic eſt. Quæratur in tabula æquationis annus propoſitus, vel ſi is in tabula non inuenitur,
annus

annus proximè minor, noteturq. litera alphabeti ſiue
maiuſcula, ſiue minuſcula ad ſiniſtram ipſius collocata,
& Aureus numerus inueſtigetur anno propoſito con-
gruens . Deinde in tabella cycli Epactarum perpetua ſi-
milis litera notetur, & cellulæ, quæ ab illa litera incluſiue
tertia eſt verſus ſiniſtram, Aureus numerus 1. tribuatur,
& ſequenti cellulæ ad dexteram ſubſequens Aureus numerus 2. & ita deinceps , donec ad Aureum numerum
propoſiti anni peruenistur, redeundo ad principium tabellæ, ſi eam totam percurreris, computata quoque litera F, maiuſc. ſub qua Epacta xxv. rubra ; & Epacta 25.
nigra collocatur, pro vna cellula. His enim rite peractis,
illico in cellula, in quam Aureus numerus propoſiti anni
cadit, Epacta illius anni reperietur. Diligenter tamen ob-
ſeruandum eſt, vt quando Aureus numerus anni propoſiti maior fuerit , quàm 11. quales ſunt poſteriores octo
Aurei numeri à 12. vſque ad 19. cecideritq. in cellulam
literæ F, vbi ſunt duæ Epactæ xxiv. 25. vna rubra, & altera nigra, ſumatur Epacta 25. nigra (rubra vero xxv. ſi
in eandem cellulam aliquis ex prioribus undecim Aureis
numeris ab 1. vſq. ad 11. qui omnes minores ſunt, quam
12. ceciderit .
    Exemplis planum id faciemus. Anno 1582. poſt cor-
rectionê reſpôdet in tabula æquationis litera D, maiuſc.
eſtq. Aureus tunc numerus 6. Si igitur in tabella cycli
Epactarum perpetua tribuas cellulæ literæ a, minuſculæ,
quæ tertia eſt à cellula literæ D, maiuſc. Aureum numerum 1. & ſequenti cellulæ ad dexteram Aureum numerû 2. & ita deinceps, cadet Aureus numerus 6. anni propoſiti 1582. in cellulam Epactæ xxvi. quæ in Kalendario
ab Idibus Octobris illius anni Nouilunia môſtrabit. Rurſus anno 1583. iam emendato Aureus numerus eſt 7. ciq.
in tabula æquationis reſpondet litera eadem D, maiuſc.
Quoniam enim hic annus in tabula non reperitur, ſumendus eſt proximè minor, nempe 1582. cui litera D,
maiuſc. reſpondet. Tribuendo ergo in tabella Epactarum Aureum numerum 1. cellulę literæ a, minuſc. quæ
tertia eſt à cellula literæ D, maiuſc. & Aureum numerum
2. ſequenti cellulæ ad dexteram , & ſic deinceps, cadet
                                  Aureus

Aureus numerus 7. propoſiti anni in cellulâ Epactæ vii.
quę eo anno Nouilunia oſtendet. Item anno 4218. in
tabula æquationis reſpondet litera I, eſtq. Aureus nume
rus 1. Igitur ſi in tabella Epactarum Aureum numerum
1. illius anni tribuas cellulæ literæ u, quæ tertia eſt à cellula literæ I, verſus ſiniſtram, inuenies Epactam xix. illius
anni . Præterea anno 1710. reſpondet litera C, maiuſc.
in tabula æquationis , eſtq. rurſum Aureus numerus 1.
Quare ſi Aureum numerum 1. illius anni tribuas primæ
cellulæ literę P, maiuſc. in tabella Epactarum , quæ tertia eſt à litera C, maiuſc. reperies ✳. pro Epactâ illius anni. Rurſus anno 1912. reſpondet in tabula æquationis litera B, maiuſc. & eſt Aureus numerus 13. Quapropter
ſi tribuatur in tabella Epactarum perpetua cellulæ literæ
N, maiuſc. quę tertia eſt à litera B, maiuſc. Aureus numerus 1. & ſequenti cellulæ ad dexteram Aureus numerus 2. & ita deinceps, redeundo ad principium tabellæ,
cadet Aureus numerus 13. propoſiti anni in ſecundam
cellulam. Quare Epacta tunc erit xi. Adhuc anno 1715.
reſpondet in tabula æquationis litera C, maiuſc. eſtque
Aureus numerus 6. Tribuendo ergo Aureum numerum
1. cellulæ literæ P, maiuſc. in tabella Epactarum , quæ
tertia eſt à cellula literæ C, maiuſc. & Aureum numerû
2. ſequêti cellulæ ad dexteram, & cet. cadet Aureus numerus 6. propoſiti anni in cellulam literæ F, ſub qua ponuntur duæ Epactæ xxv. 15. vna rubra, & altera nigra.
Quia vero Aureus numerus 6. minor eſt, quàm 12. accipienda eſt Epacta xxv. rubra pro anno 1715. Poſtremo
anno 1916. in tabula æquationis reſpondet litera B, maiuſc. eſtq. Aureus numerus 17. Quamobrem ſi in tabella Epactarum cellulæ literæ N, quæ tertia eſt à cellula literæ B, maiuſc. detur Aureus numerus 1. & ſequenti
cellulæ ad dexterâ Aureus numerus 2. & cet. redeundo
ad principiû tabellæ, occurret Aureus numerus 17. propoſiti anni eidem cellulæ literæ F, ſub qua duæ Epactæ
xxv. 15. rubra vna, & altera nigra, ponuntur . Et quoniam Aureus numerus 17. maior eſt, quàm 12. accipienda eſt Epacta 15. nigra pro anno 1916. Atque hoc modo
Epactas omnibus annis inuenies in perpetuum.

E 1

Ex his facile quiuis tabellam componere poterit, si vo
lit, similem tribus superioribus, in qua nimirum Epactæ
contineantur certis quibusdam anois inseruientes. Vt
quoniam vsus tertiæ tabellæ extenditur vsque ad annum
2200. exclusiue, si quis aliam tabellam optet, cuius vsus
incipiat anno 2200. quærenda erit, vt iam docuimus, E-
pacta anni 2200. Si namq. ordine disponantur omnes
19. Aurei numeri, initio facto ab Aureo numero anni
2200. & sub Aureo numero dicti anni collocetur Epacta
eiusdem anni inuenta: deinde reliquæ Epactæ ordine sub
aliis Aureis numeris collocentur, quæ per continuam
additionem numeri 11. ad præcedentem Epactam con-
stituantur, ita tamen, vt Epactæ sub Aureo numero 19.
positæ, si hic Aureus numerus in tabella vltimus non fue
rit, addantur 12. non autem 11. vt supra diximus; composita erit tabella Epactarum, cuius vsus incipiet ab anno 2200. inclusiue, terminabiturq. anno 2299. quando-
quidem anno 2300. in tabula æquationis alia litera respondet, nempe u, ita vt tunc sit alia tabula extruenda.
Verbi gratia. dicto anno 2200. respondet in tabula æqua
tionis litera A, maiusc. estq. Aureus numerus 16. Si igitur tribuamus Aureum numerum 1. cellulæ literæ M,
maiusc. in tabella perpetua Epactarum, quæ tertia est à
cellula literæ A, & sequenti cellulæ ad dexteram Aureũ
numerum 2. &c. incidet Aureus numerus 16. dicti anni
2200. in cellulam literæ n, minusc. sub qua reperitur Epa
cta xiii. illius anni. Quocirca tabella epactarum respondentium Aureis numeris, initio sumpto ab Aureo numero 16. & ab Epacta xiii. illius anni sic stabit.

Tabella Epactarum respondentium Aureis numeris
ab anno 2200. inclusiue vsq. ad annum
2300. exclusiue.

Aurei num.	16.	17.	18.	19.	1.	2.	3.	4.
Epactæ	xiii.	xxiiii.	v.	xvi.	xxviii.	ix.	xx.	i.

5.	6.	7.	8.	9.	10.	11.	12.	13.	14.	15.
xii.	xxiii.	iiii.	xv.	xxvi.	vii.	xviii.	xxix.	x.	xxi.	ii.

ctarum perpetua extrahi poſſunt. Cum enim Aureus numerus 1. tribuatur cellulæ literæ M, maiuſc. & Aureus
numerus 2. ſequenti cellulę ad dexteram, vbi eſt litera i,
& Aureus numerus 3. ſequenti cellulę ad dexteram, vbi
eſt litera A, maiuſc. Aureus numerus vero 4. ſequenti
adhuc cellulę ad dexteram, in qua deſcripta eſt litera a,
minuſc. &c. vt dictum eſt, ſcribendæ erunt Epactæ ſub
Aureis numeris huius tabellę temporariæ, quemadmodum in tabella illa cycli Epactarum perpetua Aureis numeris reſpondent, vt in exemplo factum eſſe vides. Hinc
facile apparet, qua ratione ſuperiores tres tabellæ Epactarum temporariæ ſint compoſitę. Faciliores porrò viæ
inueniendæ Epactæ cuiuslibet anni reperies in libro nouæ rationis reſtituendi Kalendarij Romani, quarum vna
ex tabula Epactarum expanſa, duæ vero aliæ ex rota mo
bili deſumuntur: quas, quoniam maius ſpatium expo-
ſcunt, & non tam facile imprimi poſſunt, dedita opera hic
omittimus.

Canon 3.

DE CYCLO SOLARI, SIVE LITE-
rarum Dominicalium 28. annorum.

YCLVS Solaris, ſeu literarum Dominicalium, eſt reuolutio numeri 28.
annorum ab 1. vſque ad 28. qua reuolutione peracta, iterù ad vnitatem reditur, initiumq; ſumit quilibet annus
huius cycli à Ianuario, veluti de cyclo
decennouenali Aurei numeri dictū eſt.
Procreatur autem cyclus hic Solaris 28. annorū ex mul-
tiplicatione 7. per 4. propterea quod propter ſeptem dies
hebdomadæ ſeptem ſunt literæ Dominicales, & quoui.
quarto anno vnus dies intercalatur, ita vt tunc ordo illæ
ſeptem literarum interrumpatur, recipianturq; duæ literę Dominicales. Hoc cyclo litera Dominicalis cuiusque

anni inuestigatur in perpetuum, vt ad finem sequentis ca
nonis docebimus.

VT igitur quolibet anno proposito numerus cycli
Solaris reperiatur, composita est sequens tabella, cuius vsus incipit ab anno correctionis 1582. duratque
in perpetuum. Ex qua numerus cycli Solaris quocunque anno currens post annum 1582. inuestigabitur
hoc modo.

23. 24. 25. 26. 27. 28. 1. 2. 3. 4. 5. 6. 7. 8. 9. 10. 11.
12. 13. 14. 15. 16. 17. 18. 19. 20. 21. 22.

Anno 1582. tribuatur primus numerus tabellæ, qui
est 23. secundus autem, qui est 24. sequenti anno 1583. &
ita deinceps in infinitum, donec ad annum, cuius nume
rum cycli Solaris quæris, perueniatur, redeundo ad prin
cipium tabellæ, quotiescunq. eam percurreris. Nam
cellula, in quam cadit annus propositus, numerum cycli
Solaris quæsitum indicabit.

Sed quoniam valde laboriosum est, ac molestum, tot
annos in dicta tabella enumerare, eamq. toties repetere, donec ad annum propositum perueniatur, præsertim
vero, si annus propositus procul ab anno 1582. absit,
construximus hanc aliam tabulam, ex qua sine magno
labore cycli Solaris numerus quolibet anno tam ante,
quàm post annum 1582. inuenietur hac ratione.

Quæratur annus propositus in tabula sub annis Domi
ni, qui si descriptus in ea fuerit, numerus ad dexteram
ipsius collocatus, additis prius 9. vt in vertice tabulæ
præcipitur, & reiectis 28. post hanc additionem, si reli-
ci possunt, erit numerus cycli Solaris, qui quæritur. Si
vero annus propositus in tabula non continetur, accipia
tur annus in tabula cōtentus proxime minor, vna cū numero cycli Solaris respondēte: Deinde sumantur in eadem tabula anni, qui supersunt, vna cum numero cycli
Solaris respōdente, qui priori numero cycli Solaris inuento addatur, relicianturq. à composito numero 28. si
reiici

reiici possunt. Et tandem addantur 9. Numerus enim cõ-
positus, reiectis prius 28. si possunt reiici, erit numerus

Tabula ad numerum cycli Solaris cuiuslibet anni inueniendum.

Anni Domini	Cyclus Solaris Adde 9	Anni Domini	Cyclus Solaris Adde 9
1	1	300	20
2	2	400	8
3	3	500	24
4	4	600	12
5	5	700	0
6	6	800	16
7	7	900	4
8	8	1000	20
9	9	2000	12
10	10	3000	4
20	20	4000	24
30	2	5000	16
40	12	6000	8
50	22	7000	0
60	4	8000	20
70	14	9000	12
80	24	10000	4
90	6	20000	8
100	16	30000	12
200	4	40000	16

cycli Solaris quæsitus. Quòd si neque anni, qui superfue-
runt, in tabula reperiantur, accipiẽdus erit rursum annus

C 2   proxime

proxime minor, vna cum numero cycli Solaris respondente, qui priori numero cycli Solaris inuento adiiciendus est, & à composito numero reiicienda 28. si reiici possunt : Idemq. faciendum erit cum reliquis annis , qui supersunt, donec omnes in tabula inueneris ; Et tandem vltimo numero cycli Solaris ex numeris cycli Solaris in tabula repertis confecto addenda 9. & à summa, quæ conflabitur, reiicienda 28. si reiici possunt . Conficietur enim hoc modo numerus cycli Solaris anni propositi . Quòd si post additionem 9. numerus compositus fuerit 28. ita vt post detractionem 28. nihil remaneat, erit numerus cycli Solaris 28.

Exemplis rem illustrabimus. Inueniendus sit numerus cycli Solaris anno 1000. Quoniam hic annus in tabula reperitur, eiq. respondet numerus 20. si addantur 9. fiet numerus 29. à quo si reiiciantur 28. remanebit 1. pro numero cycli Solaris anno 1000. Rursus inquirendus proponatur numerus cycli Solaris anno 1582. Quoniā hic annus in tabula non inuenitur , sumendus est annus 1000. in tabula proxime minor, cuiusq. numerus cycli Solaris 20. Deinde accipiendi in tabula anni residui 582. qui quoniam in ea non continentur, sumendus iterum est annus 500. in tabula proxime minor , eiusque numerus cycli Solaris 14. quo ad priorem numerum cycli Solaris 20. inuentum adiecto, conficietur numerus 41. à quo si detrahantur 28. remanebunt 16. Post hæc anni 82. qui supersunt , accipiendi in tabula, sed quia non reperiuntur, sumendus est annus 80. in tabula proxime minor, eiusq. numerus cycli Solaris 24. quo adiecto ad numerum cycli Solaris 16. prius compositum, efficietur numerus 40. à quo si subtrahantur 28. relinquentur 12. Tandem accipiendi sunt reliqui anni 2. in tabula, & numerus cycli Solaris 2. illis respondens : quo apposito ad numerum cycli Solaris 12. proxime relictum, componetur numerus 14. Ad quem postremo si addantur 9. vt in vertice tabulæ iubetur , fiet numerus cycli Solaris 23. anni 1582. Deniq. inuestigandus sit numerus cycli Solaris anno 7075. Accipio primum numerum cycli Solaris 0. e regione anni 7000. eumq. addo numero cycli Solaris

140

14. è regione anni 70. reperto, efficioq. numerum 14. Deinde huic numero 14. adiungo numerum cycli Solaris 5. anno 5. respondentem, & procreo numerum 19. Cui tandem appono 9. efficioq. numerum cycli Solaris 28. pro anno 7075.

Adduntur autem semper 9. vltimo numero, quia Christus anno decimo huius cycli Solaris natus est, fuitq. anno Domini primo numerus cycli Solaris 10. & anno secundo numerus cycli Solaris 11. &c.

Compositio quoque huius tabulæ non differt à constructione tabulæ pro Aureo numero inueniendo, nisi quòd hic reijcienda sunt 28. non autem 19. vt ibi. Quocirca facile eam extendere poteris ad quotcunque annos volueris.

Cæterum sine hac tabula facili admodum negotio per præcepta Arithmetices numerus cycli Solaris quolibet anno proposito Inuenietur hoc modo. Anno Domini proposito addantur 9. & compositus numerus per 28. diuidatur. Numerus enim, qui ex diuisione relinquitur, (nulla habita ratione quotientis numeri. Hic enim solum indicat, quot reuolutiones cycli Solaris à Christo vsque ad annum propositum peractæ sint.) erit numerus cycli Solaris anni propositi. Et si ex diuisione nihil remanet, erit numerus cycli Solaris 28. Vt si quæratur numerus cycli Solaris anno 1582. Addo 9. & compositum numerum 1591. diuido per 28. inuenioq. ex diuisione relinqui 23. Anno ergo 1582. numerus cycli Solaris erit 23. Rursus si desideretur numerus cycli Solaris anno 1587. Addo 9. & facio 1596. quem numerum partior per 28. reperioq. nihil superesse. Anno igitur 1587. numerus cycli Solaris erit 28. Et sic de cæteris.

DE LITERA DOMINICALI.

QVONIAM tum propter decem dies ablatos ex mése Octobri anni 1582. tū etiam propter tres Bissextos quibusq, quadringentis annis omittendos, vt in libro nouæ rationis restituendi Kalendarii Romani, & in Bulla correctionis anni à Gregorio xliij. Pontif. Opt. Max. sancitum est, cyclus literarum Dominicalium quibusq. 28. annis in seipsum rediens, & ad hanc vsq. diem ab Ecclesia Romana vsitatus interrumpatur necesse est, proponimus sequentem tabellam literarum Dominicalium omnibus annis post Idus Octobris anni correctionis 1582. (detractis prius x. diebus) vsui futuram vsque ad annum 1700. exclusiue.

Tabella literarum Dominicalium ab Idibus Octobris anni correctionis 1582. (detractis prius x. diebus) vsque ad annum 1700. exclusiue.

c	b	A	f	e	d	c	A	g	f	e	c	b	A	g	e	d
		g					b			d				f		

c	b		g	e		d	b	A	g	f		d
		A				c					e	

Vsus huius tabellæ hic est. Anno correctionis 1582. post Idus Octobris (detractis prius x. diebus) tribuatur litera c. primæ cellulæ, & sequenti anno 1583. litera b. secundæ, & anno 1584. dentur literæ A, g, tertiæ cellulæ, & sic deinceps aliis annis ordine aliæ cellulæ tribuantur, donec ad annum propositum peruentum sit, redeundo ad principium tabellæ, quotiescunq. eam percurreris. Nam cellula, in quam annus propositus cadit, dummodo

do minor fit, quàm annus 1700. dabit literam Dominicalem propoſiti anni. Quæ ſi vnica occurrerit, annus
erit cómunis; ſi vero duplex, Biſſextilis, & tunc ſuperior
litera Dominicam diem oſtendet in Kalendario à princi
plo anni vſq. ad feſtum S. Matthiæ Apoſtoli, inferior autem ab hoc feſto vſq. ad finé anni. Exempli gratia. Sit
inuenienda litera Dominicalis anno 1587. Numera ab
anno 1582. quem tribue primæ literæ c, vſq. ad annum
1587 tribuendo ſingulis cellulis ſingulos annos, (compu
tando geminas literas quaſcunque, ſuperiorem & infe-
rioré, pro vna cellula) caderq. annus 1587. in literam d,
quæ ſextum locum in tabella occupat. Eſt ergo toto eo
anno litera Dominicalis d, annuſq communis eſt, cum
litera ſimplex occurrat. Rurſus ſit inueſtiganda litera
Dominicalis anno 1616. Numera ab anno 1582. vt dictum eſt, vſq. ad annum 1616 redeundo ad principiú ta-
belle, poſtquá eam percurreris, perueniesq. ad duas haſce
literas c, b, ſeptimo loco poſitas. Eſt ergo annus ille Biſſextilis, cum duplex litera occurrat, ſuperiorq. litera c,
Dńicam diem indicabit à principio anni illius vſq. ad feſtum S. Matthiæ, inferior auté b, in reliqua parte anni.

Verum vt in annis, qui parum ab anno 1700. diſtant,
facilior reddatur numeratio, & ne ſæpius ad principium
tabellæ cogaris redire, componen
da erit tabella quædam annorum
hac arte. Ad annum 1582. à quo
vſus tabellæ literarum Dominica-
bum incipit, addantur 28. & iterú
28. ad numerú compoſitum, & ſic
deinceps, ita tamé, vt vltimus annus minor ſit anno 1700 ad quem
vſus tabellæ literarú Dominicaliú
non peruenit. Itaq. ſi annus, cuius litera Dominicalis quæritur, in

| Anni à quibus ta-
bella literarú Do-
minicaliú incipit. |
| --- |
| 1582 |
| 1610 |
| 1638 |
| 1666 |
| 1694 |

hac tabella annorum continetur, erit primæ litera tabellæ literarum Dominicalium Dominicalis eo anno. Si
vero non continetur, ſumendus eſt in tabella annorum
annus proxime minor, & ab eo numerandum in ſupradi-
ſta tabella literarum Dominicalium, initio facto à prima

C 4   cellula,

cellula, vſque ad annum propoſitum. Perueniecur enim hac numeratione ad literam Dominicalem, ita vt nunquam ad principium tabellæ redeundum ſit Vt ſi annus propoſitus ſit 1638. qui in hac tabella reperitur, erit eo anno litera Dominicalis c, quæ prima eſt in tabella literarum Dominicalium. Si autê annus prop·ſitus ſit 1647. qui in hac tabella non continetur, numerandum erit in tabella literarum Dominicalium ab anno 1638. proxime minori vſque ad datum annum 1647. tribuendo nimirum annum 1638 primæ cellulę, & ſequentem annum 1639. ſecundę cellulæ, & c. Cadet enim hoc modo annus propoſitus 1647. in decimam cellulam literæ f, quæ tertia eſt poſt Biſſextum, & Dominicalis eo anno.

Finito autem anno 1699. in cuius ſine vſus ſuperioris tabellæ literarum Dominicalium terminatur, aſſumenda eſt ſequens tabella literarum Dominicalium, cuius vſus ab anno 1700 incipit, eſtq perpetua, ſi adiuncta tabula æquationis adhibeatur, hoc modo.

Tabella literarum Dominicalium ab anno 1700. incluſiue perpetua, ſi quibuſque 400. annis tres Biſſexti omittantur.

I			II			III										
d	b	A	g	f	d	c	b	A	f	e	d	c	A	g
c				e				g				b		

| f | e | c | b | A | g | e | d | c | b | g | f | e |
| | d | | | | f | | | | | | A | |

Inuenturus literam Dominicalem cuiuslibet anni, qui nõ minor ſit anno 1700. Vide in tabula æquationis, qui numerus ex antiquis Romanorum notis ad ſiniſtram anni propoſiti, vel (ſi is in tabula deſcriptus non eſt) anni proxime minoris reperitur, cumq̇. in tabella literarū Dominicalium perpetua nota. Si enim cellulæ huius numeri antiqui Romani tribuas annum in tabula æquationis

tis acceptum , fequentem vero annum fequenti cellulæ, & ita deinceps, donec ad annum propofitum perue-
neris, redeundo ad principium tabellæ, fi opus fuerit,

Tabula æquationis fupradicta tabellæ literarum
Dominicalium ab anno 1700.
perpetua.

An. Dñi		An. Dñi		An. Dñi
I	1700	I	2900	I	4100
II	1800	II	3000	II	4200
III	1900	III	3100	III	4300
I	2100	I	3300	I	4500
II	2200	II	3400	II	4600
III	2300	III	3500	III	4700
I	2500	I	3700	I	4900
II	2600	II	3800	II	5000
III	2700	III	3900	III	5100

incides in cellulam literæ Dominicalis , quam quæris.
Quæ fi fuerit fimplex, annus propofitus communis erit,
fi vero duplex, Biffextilis: exceptis annis illis centefimis,
in quibus dies intercalaris omittitur, quales funt omnes
illi , & foli, qui in æquationis tabula expreffi funt. In his
enim quoniam communes funt, ex duabus literis inuentis inferior duntaxat affumēda eft, relicta fuperiore, quia
hæc in anno præcedenti vfum habuit. In aliis centefimis
Biffextilibus, cuiufmodi funt omnes illi , qui in tabula
æquationis notati non funt , vtraque litera inuenta eft
accipienda, quemadmodum in aliis annis Biffextilibus.
  Exemplum. Anno 1710. refpondet in tabula æquationis hic numerus antiquus I. quia cum dictus annus in
tabula non cōtineatur, accipiendus eft annus 1700. proxime minor, cui refpondet numerus I. Igitur fi ab anno
1700. in tabula inuento fiat numeratio in tabella literarum Dominicalium perpetua per cellulas , vfque ad annum propofitum 1710. initio facto à prima cellula, fupra
                                                              quam

quam nimirum ponitur idem numerus antiquus I. qui
in æquationis tabula repertus est, reperietur litera Dominicalis e, secunda post Bissextum, eritq. annus 1710.
communis, & secundus post Bissextum. Rursus anno
1911. respondet in tabula æquationis numerus antiquus
III. Numerando igitur ab anno 1900. in tabula reperto
in tabella literarum Dominicalium per cellulas, initio
sumpto à nona cellula, supra quam nimirum positus est
antiquus numerus III. vsque ad annum 1911. inueniemus duas literas Dominicales g, f, eritq. annus ille Bissextilis. Præterea anno 1800. in tabula æquationis respondet antiquus numerus II. cui in tabella literarum
Dominicalium respondent duæ literæ f, e, quarum inferior e, solum illi anno deseruiet : quoniam annus est
communis, & superior litera f, fuit Dominicalis anno
præcedente 1799. Postremo, anno 3600. respondet in
tabula æquationis numerus antiquus III. prope annum
3500. proxime minorem. Si igitur ab anno 3500. in tabella literarum Dominicalium numerentur cellulæ, sumpto initio à nona cellula huius numeri III. inuenientur
duæ hæ literæ b, A, quarum vtraque accipienda est, quia
annus ille centesimus Bissextilis est, cum in tabula æquationis non contineatur.

Hic autem utendum erit quoq. artificio supra descri-
pto, vt numeratio facilior reddatur. Nempe cõstruenda
erit tabella annorum, quæ per continuã additionem 28.
ad annum in tabula æquationis hauentum
progrediatur. Vt in proximo exemplo ad
annum 3500. deinde ad cõpositum numerum 3528. &c. ita tamen, vt vltimus numerus compositus minor sit, quam 3700. Hoc
enim anno alius numerus antiquus accipien
dus erit in tabella literarum Dominicaliũ,
vt ex tabula æquationis constat. Hac tabella annorum composita, statim sciemus,
à quo anno inchoanda sit numeratio in tabella literarum Dominicalium. Hac ratione, vt in proximo exemplo persistamus, sub numero antiquo III. numeratione auspicabimur ab anno 3584. qui proxime minor

3500
3528
3556
3584
3612
3640
3668
3696

xor est in tabella annorum, quâ propositus annus 3600.
qui cadet in cellulam duarum literarum b, A, vt prius.

Facilima porro est constructio tabulæ æquationis.
Progreditur enim per omnes annos centesimos, qui
Bissextiles nô sunt, omissis centehmis Bissextilibus; quia
in illis ordo literarum Dominicalium interrumpitur, in
his vero non. Itaq. post ternos quosq. centesimos vnus
annus centesimus relinquitur in tabula, cum ille sit Bissextilis. Deinde, vt vides, numeri antiqui I. II. III.
ordine repetuntur.

Ex his non difficile erit cuilibet ex nostra tabella perpetua decerpere tabellam particularem suo tempori de-
seruientem. Si enim tabella 38. literarum Dominicaliû
componatur, principio sumpto à cellula illius numeri
antiqui, qui in tabula æquationis cuilibet anno centesimo respondet, confecta erit tabella deseruiens ab eo
anno centesimo vsq. ad annum centesimum, qui in tabula æquationis sequitur, exclusiue: ita tamen, vt ex pri
mis duabus literis anno illi centesimo, à quo vsus tabellæ incipit, respondentibus inferior assumatur, relicta superiori. Hac arte constructa est sequens tabella, cuius
vsus incipit ab anno 1800. duratq. vsque ad finem anni
1899. hac lege, ut anno 1800. litera Dominicalis sit e,
inferior primarum duarum f, e, Sequenti deinde anno
1801. litera Dominicalis sit d, &c.

Tabella literarum Dominicalium ab anno 1800.
vsq. ad annum 1900. *exclusiue.*

f	d c b	A		f e d	c	A	g f	e	c b A
e		g			b			d	

g	e d c	b	g f e	d	b A	g
f		A		c		

Expedite quoq. eandem literam Dominicalé cuiusq.
anni perpetuo inueniemus tam ante correctionis annú,
quàm post, ex antiquo cyclo Solari, seu literarum Domi
nicalium 28. annorum, quo ad hanc vsq. diem Ecclesia

vfa eſt . Hic autem , vna cum tabula Aequationis , quæ
per omnes annos centeſimos progreditur, ita vt quartus
quiſque centeſimus ſit Biſſextilis, & tunc idem numerus
antiquus repetatur, ita ſe habet.

Cyclus Solaris , ſeu literarum Domini-
calium antiquus 28. annorum
perpetuus .

VI				VII			II						IIII		
g	e	d	c	b	g	f	e	d	b		A	g	f		d
				A					c				e		

	VI				II				IIII		
c b	A	f	e	d	c	A	g	f	c	c b	A
	g				b				d		

Tabula æquationis Cycli Solaris antiqui.

	Anni Dñi			Anni Dñi				Anni Dñi
V	1		II	2600		V	4000 Biſſ.
V	1582		III	2700		VI	4100
Detractis x. diebꝰ			III	2800 Biſſ.		VI	4200
I	1582		IIII	2900		I	4300
I	1600 Biſſ.		V	3000		I	4400 Biſſ.
II	1700		VI	3100		II	4500
III	1800		VI	3200 Biſſ.		III	4600
IIII	1900		VII	3300		III	4700
IIII	2000 Biſſ.		I	3400		III	4800 Biſſ.
V	2100		II	3500		V	4900
VI	2200		II	3600 Biſſ.		VI	5000
VII	2300		III	3700		II	5100
VII	2400 Biſſ.		IIII	3800		II	5200 Biſſ.
I	2500		V	3900			5300

Inuen-

Inuenturus ergo literam Dominicalem quocumq. anno dato; Vide in tabula æquationis, qui numerus antiquus ad sinistram anni propositi, vel (si is in tabula non
est descriptus) anni proxime minoris reperitur, eumq. in
cyclo Solari nota. Ab hoc enim inclusiue si numeres tot
cellulas literarum Dominicalium, dextrorsum proceden
do, & iterum, si opus fuerit, a principio cycli incipiēdo,
quot Vnitates in numero cycli Solaris currente (quem
ex canone 3. inuenies) continentur, incides in cellulam
literæ Dominicalis, quā quæris. Quæ si fuerit simplex,
annus propositus communis erit, si vero duplex, Bisse x-
tilis: exceptis illis annis centesimis, in quibus intercalaris dies omittitur, cuiusmodi sunt omnes illi, ac soli, quibus in tabula æquationis syllaba [Biss.] apposita nō est. In
his enim, quoniam cōmunes sunt, inferior litera ex duabus inuentis assumenda est, relicta superiori, quoniā hæc
in præcedenti anno fuit Dominicalis. In centesimis alijs
Bissextilibus, quales sunt omnes illi, quibus syllaba
[Biss.] adiuncta est, vtraq. litera est accipienda, quemadmodum in alijs annis Bissextilibus.

Exemplum. Anno 1699. respondet in tabula æquationis numerus antiquus, I. prope numerum 1600. proxime minorem. Cum ergo anno 1699. numerus cycli Solaris sit 28. numerandæ erunt 28. cellulæ literarum Dominicalium, initio facto ab ea, supra quam numerus hic
I. positus est, vsque ad d, quæ erit litera Dominicalis eo
anno, tertia post Bissextum. Rursus anno 1700. respondet in æquationis tabula numerus antiquus II. estque
numerus cycli Solaris I. In prima ergo cellula literarum
Dominicalium sub numero antiquo II. ex duabus literis
d, e, inferior erit litera Dominicalis illius anni, quia communis est; & superior litera d, fuit Dominicalis in præcedenti anno 1699. vt in proximo exemplo patuit. Postremo, anno 2000. respondet in tabula æquationis numerus antiquus I I I I. numerus autem cycli Solaris tunc
est 21. Quare si numerentur 21. cellulæ literarum Dominicalium, initio facto à cellula huius numeri antiqui IIII.
inuenientur duæ hæ literæ b, A. quæ ambæ Dominicales
erunt eo anno, cum Bissextilis sit. Porro via hæc multo
                                                      facilior

facilior eſt in libro nouæ rationis reſtituendi Kalendarij Romani per tabulam ſeptē cyclorū litterarium Dominicalium expanſam, vbi etiam commodiſſima ratio traditur beneficio rotæ mobilis.

Canon 5.

DE INDICTIONE.

INDICTIO eſt reuolutio 15. annorū ab 1. vſq. ad 15. qua reuolutione peracta, iterum reditur ad vnitatem, iniciumq. ſumit quilibet annus huius cyclū à Ianuario in bullis Pontificijs, ſicut de cyclo decennouennali Aurei numeri ſcripſimus. Et quoniam Indictionis frequens vſus eſt in Diplomatibus, & ſcripturis publicis, facile annum Indictionis currentem quolibet anno propoſito inueniemus ex ſequenti tabella, cuius vſus perpetuus eſt, initium tamen ſumit ab anno correctionis 1582.

Tabella Indictionis ab anno correctionis 1582.

10.	11.	12.	13.	14.	15.	1.	2.	3.	4.	5.	6.	7.	8.	9.

Nam ſi anno 1582. tribuas primum numerum, qui eſt 10. & ſequenti anno 1583. ſecundum numerum, qui eſt 11. & ſic deinceps vſq. ad annum propoſitum, redeundo ad principium tabellæ, quotieſcunq. eam percurreris, cadet annus propoſitus in Indictionem, quæ quæritur.

Quoniam vero moleſtum eſt, ac laborioſum, tot annos in dicta tabella percenſere, redeundo ſæpius ad eius principium, quouſq. anni propoſiti Indictio reperiatur, præſertim ſi annus propoſitus longe ab anno 1582. abſit, confecimus hanc aliam tabulam, ex qua ſine magno labore

bore

bore Indictio cuiusuis anni tam ante annum 1582. quàm poft, inuenietur hoc modo.

Tabula ad Indictionem cuiuslibet anni inueniendam.

Anni Domini	Indictio Adde 3	Anni Domini	Indictio Adde 3
1	4	80	5
2	5	90	0
3	3	100	10
4	4	200	5
5	5	300	0
6	6	400	10
7	7	500	5
8	8	600	0
9	9	700	10
10	10	800	5
20	5	900	0
30	0	1000	10
40	10	2000	5
50	5	3000	0
60	0	4000	10
70	10	5000	5

Quære annum propofitum in afcripta tabula, vel proxime minorem, fi is in tabula non reperitur: Deinde refiduos annos, vnâ cum Indictionibus ad dexteram annorum collocatis. Si enim has omnes Indictiones in vnam fummam collegeris eo ordine, vt in canone tam Aurei numeri, quàm cycli folaris docuimus, & tandem addideris 3. reiectis tamen femper 15. quoties poffunt reiici, habebis Indictionẽ anni propofiti. Quòd fi vltima fumma poft additionem 3. fuerit 15. ita vt abiectis 15. nihil relinquatur, erit Indictio 15. Id quod vno aut altero exẽplo

bula Indictio 5. cui si addantur 3. fiet Indictio 8. anni
3000. Item vt anno 1582. reperiatur Indictio, accipiendus est annus 1000. proxime minor, vnà cum Indictione 10. Deinde ex reliquis annis 582. annus 500. proxime minor, vnà cum Indictione 5. quæ ad priorem 10. addi-
ctæ, efficietur numerus 15, à quo si abiiciantur 15. nihil
superest. Post hæc ex residuis annis 82. sumendus est in
tabula annus 80. proxime minor, vnà cum Indictione 5.
quæ addita Indictioni 0. quæ proxime relicta fuerat, fa-
ciet numerum 5. cui si adiungatur Indictio 2. respondens
residuis 2. annis, fiet numerus 7. Huic tandem si addantur 3. componetur Indictio 10. pro anno 1582. Postremo Indictio anni 3040. ita inuenietur. Indictio 0. respondens anno 3000. proxime minori addatur Indictioni 10,
quæ residuis annis 40. respondet, habebiturq. numerus
10. Cui si addantur 3. fiet Indictio 13 anni 3040.

Adduntur autem semper 3. vltimo numero, quia Christus natus est anno quarto cycli Indictionis, fuitq. anno Domini primo Indictio 4. & anno secundo Indictio 5. &c.

Compositio quoq. huius tabulæ eadem est, quæ tabulæ ad Aureum numerum, & numerum cycli Solaris
inueniendum, nisi quòd hic reiicienda sunt semper 15. si
fieri potest, non autem 19. vel 18. vt ibi.

Verù absq. hac tabula perfacilis quoq. est inuentio Indictionis cuiuslibet anni per præcepta Arithmetices hoc
pacto. Anno Domini proposito addantur 3 & compositus numerus per 15. diuidatur, Numerus enim ex diuisione relictus (nulla habita ratione quotientis numeri,
cum hic solum demonstret, quot reuolutiones cycli Indictionis à Christo vsque ad annum datum transierint,)
erit Indictio quæsita. Vt anno 1582. addo 3. fiuntq. 1585,
quæ partior per 15. remanentq. ex diuisione 10. pro Indictione anni 1582. Item anno 1587. addo 3. efficiturq.
numerus 1590. quem diuido per 15. nihilq. superest.
Est ergo tunc Indictio 15.

DE FESTIS MOBILIBVS.

VONIAM ex decreto Sacri Con-
cilii Niceni Pascha, ex quo reliqua festa mobilia pendent, celebrari debet
die Dominico, qui proxime succedit
xiiii Lunæ primi mensis; (is vero apud
Hebræos vocatur primus mensis, cuius xiiii. Luna vel cadit in diem Ver-
ni æquinoctii, quod die xxi. mensis Martii contingit,
vel propius ipsum sequitur) efficitur, vt si Epacta cuiuf-
uis anni inueniatur ex canone 2. & ab ea in Kalendario
notata inter diem octauum Martii inclusiue, & quintum
Aprilis inclusiue (Huius enim Epactæ xiiii Luna cadit
vel in diem æquinoctii Verni, id est, in diem xxi. Martii, vel eum propius sequitur) numerentur inclusiue
deorsum versus dies quatuordecim, proximus dies Dominicus diem hunc xiiii sequens (ne cum Iudæis conueniamus, si forte dies xiiii. Lunæ caderet in diem Dominicum) sit dies Paschæ.

Exemplum. Anno 1583. iam emendato Epacta est
vii. & litera Dominicalis b. Quæro igitur hanc Epactam
vii. in Kalendario inter octauum diem Martii, & quintum Aprilis inclusiue, inuenioq. eam e regione diei 24.
Martii, à qua inclusiue deorsum versus numero xiiii.
dies, vt habeam xiiii. Lunam, quam video cadere in
diem 6. Aprilis, post quem diem prima litera Dominicalis b. reperitur e regione diei 10. eiusdem Aprilis, Pascha ergo anno 1583. celebrandum erit die 10. Aprilis.
Rursus anno 1585. Epactæ est xxix. & litera Dominicalis f. Et quoniam inuenio Epactam xxix. inter diem 8.
Martii, & 5. Aprilis inclusiue positam esse e regione diei
5. Aprilis, à quo inclusiue si deorsum versus numerem
14. dies, inuenio xiiii. Lunam die 14. Aprilis, quæ est
Dominica, cum e regione illius sit litera Dominica-

D   lis f.

lis f. Ne igitur cum Iudæis conueniamus, qui Pascha
celebrant die xiiij Lunæ, sumenda est litera Dominicalis f, quæ sequitur xiij. Lunam, nempe ea, quæ è regione diei 21. Aprilis collocatur; atque adeo Pascha
eo anno celebrandum erit die 21. Aprilis. Item anno 1592. Epacta est xvi. & duplex litera Dominicalis
e, d, cum annus ille sit Bissextilis. Si igitur ab Epacta
xvi. quæ è regione diei 15. Martii ponitur, inter diem
8. Martii & 5. Aprilis inclusiue numerentur inclusiue
dies 14. cadet xiiij. Luna in diem 28. Martij. Et quia
tunc currit posterior litera Dominicalis, nempe d, quæ
post diem 28. Martij, id est, post xiiij. Lunam collocata est è regione diei 29. Martij, celebrabitur eo anno
Pascha die 29. Martij.

   Inuento autem die Paschæ, facile alia festa mobilia
inuenientur. Si enim ante diem Paschæ numerentur sex
Dominicæ in Kalendario, habebitur prima Dominica
Quadragesimæ, & proxime præcedens feria quarta erit
prima dies Quadragesimæ, hoc est, dies Cinerum;quam
proxime præcedit Dominica Quinquagesimæ, & ante
hanc celebrabitur Dominica Sexagesimæ, quam Dominica Septuagesimæ præcedit. Si verò post Dominicam Paschæ in Kalendario numerentur quinque Dominicæ, sequentur quintam Dominicam statim Rogationes, & proxime sequens feria quinta erit Ascensio
Domini : Septima autem Dominica post Pascha erit
dies Pentecostes, cui statim succedit Dominica Trinitatis, & feria quinta proxima celebrabitur festum Corporis Domini. Hac ratione anno 1592. cum Pascha
celebretur die 29. Martij, celebrabitur prima Dominica Quadragesimæ die 16. Februarij, currente tunc litera Dominicali e. Dies autem Cinerum erit 12. Februarii, & Dominica Septuagesimæ cadet in diem 26.
Ianuarii. Rogationes autem erunt die 4. Maij, & A-
scensio Domini die 7. Maii : Dominica verò Pentecostes die 17. Maii & Festum Trinitatis die 24. Maij ;
Festum denique Corporis Domini die 28. Maii celebrabitur. Numerus verò Dominicarum inter Pentecosten,

                                    & Ad-

& Aduentum hac ratione inuenitur. Supputentur ante Natiuitatem Domini quatuor Dominicæ. Quarta
enim Dominica ante Domini Natiuitatem est prima Dominica Aduentus. Quapropter si numerentur omnes
Dominicæ post Pentecosten vsque ad primam Dominicam Aduentus Domini exclusiue, habebitur numerus
Dominicarum inter Pentecosten, & Aduentum Domini: quem tamen numerum breuius docebimus inue-
stigare paulo infra.

Cæterum vt facilius omnia festa mobilia inueniantur,
compositæ sunt duæ sequentes tabulæ Paschales, vna
antiqua, & noua altera. Ex antiqua ita festa mobilia reperientur. In latere sinistro tabulæ accipiatur Epacta
currens, & in linea literarum Dominicaliū n sumatur litera Dominicalis currens, infra tamen Epactam currentem, ita vt si litera Dominicalis currens reperiatur è regione Epactæ currentis, assumenda sit eadem litera Dominicalis proxime inferior. Nam è regione huius literæ Dominicalis omnia festa mobilia continentur. Vt
in eisdem exemplis; Anno 1583. Epacta est vii. & litera Dominicalis b. Si igitur in tabula antiqua sumatur litera Dominicalis b, quæ primo infra Epactam vii.
occurris, reperietur è regione huius literæ Dominica
Septuagesimæ die 6. Febr. dies Cinerum 23. Febr.
dies Paschæ 10. Aprilis; Ascensio Domini 19. Maij,
Dies Pentecostes 29. Maii. & festum Corporis Domini 9. Iunij. Dominicæ autem inter Pentecosten, &
Aduentum tunc erunt 25. & Aduentus celebrabitur
die 27. Nouembris, & sic de cæteris. Item anno
1585. Epacta est xxix. & litera Dominicalis f, quæ in
tabula reperitur è regione Epactæ xxix. Quare sumenda est alia litera f, quæ proxime infra Epactam inuenitur, è regione cuius inuenies Septuagesimam die 17 Februarii, diem Cinerum 6. Martii, & Paschæ die 24. A-
prilis, &c.

Notandum autem est, quòd quemadmodum in anno
communi, cadente litera Dominicali è regione Epactæ
in tabula antiqua, sumitur eadem litera proxima infra

D 2 Epa-

Epactam, vt diximus: ita quoque in anno Bissextili, si alterutra duarum literarum Dominicalium tunc currentium è regione Epactæ reperiatur, assumendæ sunt aliæ duæ similes literæ proximè inferiores, vt festa mobilia inueniantur.

Ex tabula vero Paschali noua ita eadem festa mobilia reperientur. In cellula literæ Dominicalis currentis quæratur Epacta currens. Nam è directo omnia festa mobilia deprehendentur. Vt anno 1585. in cellula literæ Dominicalis f, tunc currentis è regione Epactæ xxix. quæ eodem anno currit, habetur Septuagesima die 17. Februarii, dies Cinerum 6. Martii, & Pascha die 21. Aprilis, &c.

Sed siue antiqua, siue noua tabula Paschali vtamur, inuenienda sunt omnia festa mobilia in annis Bissextilibus per literam Dominicalem posteriorem, quæ nimirum currit post festum S. Matthiæ Apostoli, ne scilicet ambigamus, vtra duarum literarum pro hoc, aut illo festo indagando accipienda sit: ita tamen, vt Septuagesimæ, & diei Cinerum inuentæ in Ianuario, aut Februario addatur vnus dies. Quod ideo sit, quia ante diem S. Matthiæ currit prior litera Dominicalis, quæ in Kalendario priorem semper sequitur: Post festum autem S. Matthiæ in Februario licet posterior litera currat, additur tamen tunc dies intercalaris, ita vt dies 24. Februarii dicatur 25. & dies 25. dicatur 26. &c. Quod si dies Cinerum cadat in Martium, nihil addendum est, quia tunc & litera posterior currit, & dies mensis propriis numeris respondent, cum dies intercalaris Februario sit additus. Exempli gratia. Anno 1096. Bissextili Epacta erit v. & literæ Dominicales A, g. Si igitur per posteriorem literam, quæ est g, festa mobilia inuestigentur, reperietur Septuagesima die 11. Febr. & dies Cinerum 28. Febr. Si autem addatur vnus dies, cadet Septuagesima in diem 12. Febr. quæ est Dominica, & dies Cinerum in diem 29. Febr. quæ est feria quarta. Pascha autem, & reliqua festa in eos dies cadent, qui in tabula expressi sunt.

Item

Item anno 4088. Biſſextili Epacta erit xxiiii. & literæ Dominicales d, c. Si igitur per literam c, quæ poſterior eſt, inquirantur feſta mobilia, inuenietur Septuageſima die 21. Febr. & ſi addatur vnus dies, cadet in diem 22. Febr. quæ eſt Dominica. Dies autem Cinerum cadet in diem 10. Martii: quare nihil additur, & cæt.

Aduentus Domini celebratur ſemper die Dominico, qui propinquior eſt feſto S. Andreæ Apoſtoli, nempe à die 27. Nouembris incluſiue vſq. ad diem 3. Decembris incluſiue: ita vt litera Dominicalis currens, quæ reperitur in Kalendario à die 27. Nouembris incluſiue vſque ad diem 3. Decembris incluſiue, indicet Dominicam Aduentus. Vt verbi gratia, ſi litera Dominicalis eſt g, Dominica Aduentus cadet in diem ſecundum Decembris; quia ibi eſt litera g, in Kalendario, & cæt.

Numerus quoque Dominicarum inter Pentecoſten, & Aduentum Domini ita breuiſſime inueſtigabitur. Vide quot Dominicæ ſint poſt Paſcha vſque ad feſtum S. Georgii incluſiue, quod cadit in diem 23. Aprilis. Nam tot Dominicæ addendæ ſunt ad 24. vt habeatur numerus Dominicarum inter Pentecoſten, & Aduentum Domini. Vt quoniam, quando Paſcha celebratur die 26. Martii, ſequuntur quatuor Dominicæ vſque ad feſtum S. Georgii incluſiue, quod etiam tunc cadit in diem Dominicum, erunt 28. Dominicæ inter Pentecoſten, & Aduentum Domini. Item quia quando Paſcha cadit in diem 3. Aprilis, ſequuntur duæ Dominicæ vſque ad feſtum S. Georgii incluſiue, erunt 26. Dominicæ inter Pentecoſten, & Aduentum Domini. Quod ſi nulla Dominica ſequatur diem Paſchæ vſque ad dictum feſtum incluſiue, vel ipſe dies Paſchæ cadat in illud feſtum, erunt 24. Dominicæ: ſi denique Paſcha celebretur poſt idem feſtum, erunt tantum 23. Dominicæ inter Pentecoſten, & Aduentum Domini.

Ex his omnibus facile intelligi poteſt, qua ratione vtraque tabula Paſchalis compoſita ſit.

D 3 Ad

Ad finem earndem tabularum Paschalium appolita eſt
tabula temporaria multorum annorum, è regione quorum omnia feſta mobilia dicto cictus inueniuntur,
quæ quidem tabula ex tabulis Paschalibus
excerpta eſt, ex quibus infinitæ aliæ
erui poſſunt pro quibuf-
cunque annis.

TABV.

22	30	10	21	28	29.No
23	1.Maii	11	22	28	30
24	2	12	23	28	1.Dec
25	3	13	24	28	2
26	4	14	25	28	3
27	5	15	26	27	27.No
28	6	16	27	27	28
29	7	17	28	27	29
30	8	18	29	27	30
31	9	19	30	27	1.Dec
Apr	10	20	31	27	2
2	11	21	1.Iun	27	3
3	12	22	2	26	27.No
4	13	23	3	26	28
5	14	24	4	26	29
6	15	25	5	26	30
7	16	26	6	26	1.Dec
8	17	27	7	26	2
9	18	28	8	26	3
10	19	29	9	25	27.No
11	20	30	10	25	28
12	21	31	11	25	29
13	22	1.Iun	12	25	30
14	23	2	13	25	1.Dec
15	24	3	14	25	2
16	25	4	15	25	3
17	26	5	16	24	27.No
18	27	6	17	24	28
19	28	7	18	24	29
20	29	8	19	24	30
21	30	9	20	24	1.Dec
22	31	10	21	24	2
23	1.Iun	11	22	24	3
24	2	12	23	23	27.No
25	3	13	24	23	28

Litera Dominicalis	Cyclus Epactarum.
D	23. 22.21.20.19.18.17.16. 15.14.13. 12.11.10. 9. 8. 7. 6. 5. 4. 3. 2. 1. *.29.28.27.26.25. 24
E	23.22. 21.20.19.18.17.16.15. 14.13.12.11.10. 9. 8. 7. 6. 5. 4. 3. 2. 1. *.29.28.27.26. 25.25.24
F	23.22.21. 20.19.18.17.16.15.14. 13.12.11.10. 9. 8. 7. 6. 5. 4. 3. 2. 1. *. 29.28.27.26.25.25.24
G	23.22.21.20. 19.18.17.16.15.14.13. 12.11.10. 9. 8. 7. 6. 5. 4. 3. 2. 1. *.29. 28.27.26.25.25.24
A	23.22.21.20.19. 18.17.16.15.14.13.12. 11.10. 9. 8. 7. 6. 5. 4. 3. 2. 1. *.29.28. 27.26.25.25.24
B	23.22.21.20.19.18. 17.16.15.14.13.12.11. 10. 9. 8. 7. 6. 5. 4. 3. 2. 1. *. 29.28.27. 26.25.25.24
C	23.22.21.20.19.18.17. 16.15.14.13.12.11.10. 9. 8. 7. 6. 5. 4. 3. 2. 1. *.29.28.27.26. 25. 25.24

Pascha	Ascensio	Pentecostes	Corpus Christi	Dñica infra octa. Aduent.	Prima Dñica Aduent.
12. Mar.	30. Apr.	10. Maii	21. Maii	28	29. No.
29. Mar.	7. Maii	17. Maii	28. Maii	27	29
5. Apr.	14. Maii	24. Maii	4. Iunii	26	29
12. Apr.	21. Maii	31. Maii	11. Iunii	25	29
9. Apr.	28. Maii	7. Iunii	18. Iunii	24	29
23. Mar.	1. Maii	11. Maii	22. Maii	28	30. No.
30. Mar.	8. Maii	18. Maii	29. Maii	27	30
6. Apr.	15. Maii	25. Maii	5. Iunii	26	30
13. Apr.	22. Maii	1. Iunii	12. Iunii	25	30
20. Apr.	29. Maii	8. Iunii	19. Iunii	24	30
24. Mar.	2. Maii	12. Maii	23. Maii	28	1. Dec.
31. Mar.	9. Maii	19. Maii	30. Maii	27	1
7. Apr.	16. Maii	26. Maii	6. Iunii	26	1
14. Apr.	23. Maii	2. Iunii	13. Iunii	25	1
21. Apr.	30. Maii	9. Iunii	20. Iunii	24	1
25. Mar.	3. Maii	13. Maii	24. Maii	28	2. Dec.
1. Apr.	10. Maii	20. Maii	31. Maii	27	2
8. Apr.	7. Maii	27. Maii	7. Iunii	26	2
15. Apr.	24. Maii	3. Iunii	14. Iunii	25	2
22. Apr.	31. Maii	10. Iunii	21. Iunii	24	2
26. Mar.	4. Maii	14. Maii	25. Maii	28	3. Dec.
2. Apr.	11. Maii	21. Maii	1. Iunii	27	3
9. Apr.	18. Maii	28. Maii	8. Iunii	26	3
16. Apr.	25. Maii	4. Iunii	15. Iunii	25	3
23. Apr.	1. Iunii	11. Iunii	22. Iunii	24	3
27. Mar.	5. Maii	15. Maii	26. Maii	27	27. No.
3. Apr.	12. Maii	22. Maii	2. Iunii	26	27
10. Apr.	19. Maii	29. Maii	9. Iunii	25	27
17. Apr.	26. Maii	5. Iunii	16. Iunii	24	27
24. Apr.	2. Iunii	12. Iunii	23. Iunii	23	27
28. Mar.	6. Maii	16. Maii	27. Maii	27	28. No.
4. Apr.	13. Maii	23. Maii	3. Iunii	26	28
11. Apr.	20. Maii	30. Maii	10. Iunii	25	28
18. Apr.	27. Maii	6. Iunii	17. Iunii	24	28
25. Apr.	3. Iunii	13. Iunii	24. Iunii	23	28

Anni Domini	Literae Dñicales	Aureus numerus	Epactae	Septuagesima	Dies Cinerum	Paschae
1582	c	6	xxvj			
1583	b	7	vij	6. Feb.	23. Fe.	10. Apr.
1584	A g	8	xviij	29. Ia.	15. Fe.	1. Apr.
1585	f	9	xxix	17. Fe.	6. Mar.	21. Apr.
1586	e	10	x	2. Feb.	19. Fe.	6. Apr.
1587	d	11	xxi	25. Ia.	11. Fe.	29. Mar.
1588	c b	12	ij	14. Fe.	2. Mar.	17. Apr.
1589	A	13	xiij	29. Ia.	15. Fe.	2. Apr.
1590	g	14	xxiiij	18. Fe.	7. Mar.	22. Apr.
1591	f	15	v	10. Fe.	27. Fe.	14. Apr.
1592	e d	16	xvi	26. Ia.	12. Fe.	29. Mar.
1593	c	17	xxvij	14. Fe.	3. Mar.	18. Apr.
1594	b	18	viij	6. Fe.	23. Fe.	10. Apr.
1595	A	19	xix	22. Ia.	8. Feb.	26. Mar.
1596	g f	1	j	11. Fe.	28. Fe.	14. Apr.
1597	e	2	xii	2. Fe.	19. Fe.	6. Apr.
1598	d	3	xxiii	18. Ia.	4. Fe.	22. Mar.
1599	c	4	iiii	7. Fe.	24. Fe.	11. Apr.
1600	b A	5	xv	30. Ia.	16. Fe.	2. Apr.
1601	g	6	xxvi	18. Fe.	7. Mar.	22. Apr.
1602	f	7	vij	3. Fe.	20. Fe.	7. Apr.
1603	e	8	xviij	26. Ia.	12. Fe.	30. Mar.
1604	d c	9	xxix	15. Fe.	3. Mar.	18. Apr.
1605	b	10	x	6. Fe.	23. Fe.	10. Apr.
1606	A	11	xxi	22. Ia.	8. Feb.	26. Mar.
1607	g	12	ii	11. Fe.	28. Fe.	15. Apr.
1608	f e	13	xiii	3. Fe.	20. Fe.	6. Apr.
1609	d	14	xxiiii	15. Fe.	4. Mar.	19. Apr.
1610	c	15	v	7. Fe.	24. Fe.	11. Apr.
1611	b	16	xvi	30. Ia.	16. Fe.	3. Apr.
1612	A g	17	xxvii	19. Fe.	7. Mar.	22. Apr.
1613	f	18	viij	3. Fe.	20. Fe.	7. Apr.
1614	e	19	xix	26. Ia.	12. Fe.	30. Mar.

Anni Domini	Ascensio	Pentecostes	Corpus Christi	Dnica post Pent.	Prima Dnica Aduen.
1582				23	18. Nou.
1583	19. Maij	19. Maij	9. Iunij	25	27. Nou.
1584	10. Maij	20. Maij	31. Maij	27	4. Dec.
1585	30. Maij	9. Iunij	20. Iunii	24	1. Dec.
1586	15. Maij	25. Maii	5. Iunii	26	30. Nou.
1587	7. Maij	17. Maij	28. Maij	27	29. Nou.
1588	16. Maij	1. Iunij	16. Iunij	24	27. Nou.
1589	11. Maij	21. Maij	1. Iunij	27	3. Dec.
1590	31. Maij	10. Iunij	21. Iunij	24	2. Dec.
1591	23. Maij	2. Iunij	13. Iunij	25	1. Dec.
1592	7. Maij	17. Maij	28. Maij	27	29. Nou.
1593	17. Maij	6. Iunij	17. Iunij	24	28. Nou.
1594	19. Maij	29. Maij	9. Iunij	25	27. Nou.
1595	4. Maij	14. Maij	25. Maij	28	3. Dec.
1596	23. Maij	2 Iunii	13. Iunii	25	1. Dec.
1597	15. Maij	25. Iunij	5. Iunii	26	30. Nou.
1598	30. Apr.	10. Maij	21. Maij	28	29. Nou.
1599	20. Maij	30. Maij	10. Iunii	25	28. Nou.
1600	11. Maij	21. Maij	1. Iunii	27	3. Dec.
1601	31. Mai	10 Iunij	21. Iunii	24	2. Dec.
1602	16. Maij	26. Maij	6. Iunii	26	1. Dec.
1603	8. Maij	18. Maij	29. Maii	27	30. Nou.
1604	17. Maij	6. Iunij	17. Iunii	24	28. Nou.
1605	19. Maij	29. Maij	9. Iunij	25	27. Nou.
1606	4. Maij	14. Maij	25. Maij	28	3. Dec.
1607	24. Maij	3. Iunij	14. Iunii	25	2. Dec.
1608	15. Maij	25. Maij	5. Iunij	26	30. Nou.
1609	28. Maij	7. Iunij	18. Iunij	24	29. Nou.
1610	20. Maij	30. Maij	10. Iunij	25	28. Nou.
1611	12. Maij	22. Maij	2. Iunij	26	27. Nou.
1612	31. Maij	10. Iunij	21. Iunii	24	2. Dec.
1613	16. Maij	26 Maij	6. Iunij	26	1. Dec.
1614	8. Maij	18. Maij	29. Maii	27	30. Nou.

Cyclus Epactarum	Litæ Dñicalis	Dies mensis	IANVARIVS
*	A	Kal.	1	Circūcisio Dñi duplex.
xxix	b	iiii	2	Oct.S.Steph. dup. cū com, Octau.s Ioan.& ss.Innoc.
xxviii	c	iii	3	Oct.S.Ioānis. dup. cū cõm. Oct.ss Innoc.
xxvii	d	Prid.	4	Oct.ss.Innocentum. dupl.
xxvi	e	Nõ.	5	Vigilia.
15 xxv	f	viii	6	Epiphania Domini. dupl.
xxiiii	g	vii	7	De octaua Epiphaniæ.
xxiii	A	vi	8	De octaua.
xxii	b	v	9	De octaua.
xxi	c	iiii	10	De octaua.
xx	d	iii	11	De octaua.& cõm. S.Hyginij Papæ & mart.
xix	e	Prid.	12	De octaua.
xviii	f	Idib'	13	Octaua Epiphaniæ.dupl.
xvii	g	xix	14	Hilarij Epi & cõf.semid.cũ cõm. S.Felicis presb.& m.
xvi	A	xviii	15	Pauli primi Eremito. semid. cũ cõ. S.Mauri Abbatis.
xv	b	xvii	16	Marcelli Papæ,& m.semid.
xiiii	c	xvi	17	Antonij Abbatis. dupl.
xiii	d	xv	18	Cath. S.Petri Romæ. dup. & cõ. S.Priscæ virg. & m.
xii	e	xiiii	19	Marij, Marthæ, Audifax,& Abachum mart.
xi	f	xiii	20	Fabiani & Sebast. m. dupl.
x	g	xii	21	Agnetis virg. & mart.dup.
ix	A	xi	22	Vincétij & Anast. m. semid.
viii	b	x	23	Emerentianæ virg. & mart.
vii	c	ix	24	Timothei Episcopi,& mar.
vi	d	viii	25	Cõuersio s. Pauli Apoſ. du.
v	e	vii	26	Polycarpi Episcopi,& mar.
iiii	f	vi	27	Ioānis Chryſoſt. Epi & cõf.
iii	g	v	28	Agnetis secundo. Cdup.
ii	A	iiii	29	
i	b	iii	30	
*	e	Prid.	31	

Cyclus Epactarū.	Lit. Dñical.	Dies mensis.	FEBRVARIVS.
xxix	d	Kal.	1	Ignatij Epi & mar. femid.
xxviii	e	iiii	2	Purificatio B. Mariæ. dup.
xxvii	f	iii	3	Blasij Episcopi & mart.
25 xxvi	g	Prid.	4	
xxv xxiiii	A	Non.	5	Agathæ virg. & m. femid.
xxiii	b	viii	6	Dorotheæ virg. & mart.
xxii	c	vii	7	
xxi	d	vi	8	
xx	e	v	9	Apolloniæ virg. & mart.
xix	f	iiii	10	
xviii	g	iii	11	
xvii	A	Prid.	12	
xvi	b	Idib.	13	
xv	c	xvi	14	Valentini presbyt. & mar.
xiiii	d	xv	15	Faustini & Iouitæ mart.
xiii	e	xiiii	16	
xii	f	xiii	17	
xi	g	xii	18	Symeonis Episcopi & mar.
x	A	xi	19	
ix	b	x	20	
viii	c	ix	21	
vii	d	viii	22	Cathed. S. Petri Antioch.
vi	e	vii	23	Vigilia
v	f	vi	24	Matthiæ Apostoli dupl. (dup.
iiii	g	v	25	
iii	A	iiii	26	
ii	b	iii	27	
	c	Prid.	28	

In anno Bissextili Februarius est dierum 29. & festum
S. Matthiæ celebratur 25. Februarij, & bis dicitur, sexto Kalendas, id est, die 24. & die 25. & litera Dominicalis, quæ assumpta fuit in mense Ianuario, mutatur in
præcedentem: Vt si in Ianuario litera Dominicalis fuit
A, mutetur in præcedentem, quæ est g, & cæt.

Cyclus Epactarum.	Lfæ Dñi cal.	Dies menfis.	MARTIVS
*	d	Kñ.	1	
xxix	e	vi	2	
xxviii	f	v	3	
xxvii	g	iiii	4	
xxvi	A	iii	5	
25 xxv	b	Prid.	6	
xxiiii	c	Non.	7	Sanct. Thomæ de Aquino conf. dup. & co. ss Perpetuæ & Felicitatis martyr.
xxiii	d	vIII	8	
xxii	e	vii	9	Quadraginta mart. femid.
xxi	f	vi	10	
xx	g	v	11	
xix	A	iiii	12	Gregorii Papæ & Conf. & Eccl. Doctoris, duplex.
xviii	b	iii	13	
xvii	c	Prid.	14	
xvi	d	Idus	15	
xv	e	xvii	16	
xiiii	f	xvi	17	
xiii	g	xv	18	
xii	A	xiiii	19	Ioseph Confeff. duplex.
xi	b	xiii	20	
x	c	xii	21	Benedicti Abbatis, duplex.
ix	d	xi	22	
viii	e	x	23	
vii	f	ix	24	
vi	g	viii	25	Annúciatio B. Mariæ, dupl.
v	A	vii	26	
iiii	b	vi	27	
iii	c	v	28	
ii	d	iiii	29	
i	e	iii	30	
*	f	Prid.	31	

Cyclus Epactarum.	L. fæ Dni cal.	Dies mensis fix.	APRILIS
xxix	g	Kal.	1	
xxviij	A	iiii	2	
xxvii	b	iii	3	
xxvi	c	Prid.	4	
xxv xxiiii	d	Non.	5	
xxiij	e	viii	6	
xxii	f	vii	7	
xxi	g	vi	8	
xx	A	v	9	
xix	b	iiii	10	
xviii	c	iii	11	Leonis Papę & conf. dup.
xvii	d	Prid.	12	
xvi	e	Idib.	13	
xv	f	xviii	14	Tiburtii, Valeriani, & Maximi martyrum.
xiiii	g	xvii	15	
xiii	A	xvi	16	
xii	b	xv	17	Aniceti Papæ & mart.
xi	c	xiiii	18	
x	d	xiii	19	
ix	e	xii	20	
viii	f	xi	21	
vii	g	x	22	Sotheris & Caii Pontificū, & martyrum. semid.
vi	A	ix	23	Georgii martyris. semid.
v	b	viii	24	
iiii	c	vii	25	Marci Euangelistæ dup.
iii	d	vi	26	Cleti, & Marcellini Pont, & martyrum. semidup.
ii	e	v	27	
i	f	iiii	28	Vitalis martyris.
*		iii	29	
xxix	A	Prid	30	

Cyclus Epacta-rum.	Lr Diñi-cal.	Dies men-sis.	MAIVS
xxviii	b	Kal.	1	Philippi & Iacobi Apostol. duplex.
xxvii	c	vi	2	Athanasij Epi & conf. dup.
xxvi	d	v	3	Inuentio S. Crucis dup. & com st. Alexádri, Euéti, & Theoduli mar. ac Iuuenalis Episcopi & conf.
25 xxv	e	iiii	4	Monicæ viduæ.
xxiiii	f	iii	5	(dup.
xxiii	g	Prid.	6	Ioánis ante portá Latiná,
xxii	A	Non.	7	
xxi	b	viii	8	Apparitio s. Michaelis. dup.
xx	c	vii	9	S. Gregorij Theologi Epi, & confeff. duplex.
xix	d	vi	10	Gordiani, & Epimachi mar.
xviii	e	v	11	
xvii	f	iiii	12	Nerei, Archilei, & Pancra-
xvi	g	iii	13	(tij mar.
xv	A	Prid.	14	Bonifacij martyris.
xiiii	b	Idib'	15	
xiii	c	xvii	16	
xii	d	xvi	17	
xi	e	xv	18	
x	f	xiiii	19	Pudentianæ virginis.
ix	g	xiii	20	
viii	A	xii	21	
vii	b	xi	22	
vi	c	x	23	
v	d	ix	24	
iiii	e	viii	25	Vrbani Papæ, & martyris.
iii	f	vii	26	Eleutherij Papæ, & mart.
ii	g	vi	27	Ioannis Papæ, & martyris.
i	A	v	28	
*	b	iiii	29	
xxix	c	iii	30	Felicis Papæ, & martyris.
xxviii	d	Prid.	31	Petronillæ virginis.

Cyclus Epactarum.	Lre Dñi cal.	Dies mensis.	IVNIVS
xxvii	e	Kal.	1	
xxvi	f	iiii	2	Marcellini, Petri, & Erasmi martyrum.
xxv xxiiii	g	iii	3	
xxiii	A	Prid	4	
xxii	b	Non	5	
xxi	c	viii	6	
xx	d	vii	7	
xix	e	vi	8	
xviii	f	v	9	Primi & Feliciani martyrũ.
xvii	g	iiii	10	
xvi	A	iii	11	Barnabæ Apostoli. duples.
xv	b	Prid.	12	Basilidis, Cyrini, Naboris, & Nazarii martyrum.
xiiii	c	Idib.	13	
xiii	d	xviii	14	Basilii Epi & conf. duplex.
xii	e	xvii	15	Viti, Modesti, & Crescentiæ (mart.
xi	f	xvi	16	
x	g	xv	17	
ix	A	xiiii	18	Marci & Marcelliani, mart.
viii	b	xiii	19	Geruasii & Protasii mart.
vii	c	xii	20	Siluerii Papæ & martyris.
vi	d	xi	21	
v	e	x	22	Paulini episcopi & confes.
iiii	f	ix	23	Vigilia.
iii	g	viii	24	Natiu.S.Ioan.Baptistæ dup.
ii	A	vii	25	De octa. Natiu.S.Ioan. Bapt.
i	b	vi	26	Ioannis & Pauli mart. semid. à qui com. octa. Natiu.S.Ioan.
	c	v	27	De oct.Natiuit. S. Ioan.
xxix	d	iiii	28	Leonis Papæ & conf. semid. & com. octau.& vigiliæ.
xxviii	e	iii	29	Petri & Pauli Apost. dupl.
xxvii	f	Prid	30	Commem. S.Pauli Apostoli. dup. & comm. oct.S. Ioan.

E

Cyclus Epactarum.	Lræ Dñi cal.	Dies mensis.	IVLIVS
xxvi	g	Kal	1	Octa.S. Ioan. Baptistæ dup. & com. octa. Apostolorum.
xxv	A	vi	2	Visitatio B. Mariæ dupl. cum comm. octa. Apostol.
xxiii	b	v	3	De octaua Apostolorum,
xxiii	c	iiii	4	De octaua.
xxii	d	iii	5	De octaua,
xxi	e	Prid.	6	Oct. Apost. Petri & Pauli, dup.
xx	f	Non.	7	
xix	g	viii	8	
xviii	A	vii	9	
xvii	b	vi	10	Septem fratrũ mar. & ss. Rufinæ ac Secundæ mart. semid.
xvi	c	v	11	Pii Papæ & mart.
xv	d	iiii	12	Naboris & Felicis mart.
xiiii	e	iii	13	Anacleti Papæ & mart. semid.
xiii	f	Prid.	14	Bonauenturę epi & cõf. semid.
xii	g	Idib.	15	
xi	A	xvii	16	
x	b	xvi	17	Alexii confeff.
ix	c	xv	18	Symphorofæ cũ feptẽ filiis m̃.
viii	d	xiiii	19	
vii	e	xiii	20	Margaritæ virg. & mart.
vi	f	xii	21	Praxedis virginis,
v	g	xi	22	Mariæ Magdalenæ. duplex.
iiii	A	x	23	Apollinaris epi & mart. femid.
iii	b	ix	24	Vig. & cõ. ss. Chriltinę vir. & m̃.
ii	c	viii	25	Iacobi Apoft. dup. & cõ. s. Chriftophori mart. Laudib. tm̃.
i	d	vii	26	
*	e	vi	27	Pantaleonis mart.
xxix	f	v	28	Nazarii, Celfi, & Victoris pp m̃. & Innocẽtii pp & cõf. femid.
xxviii	g	iiii	29	Marthæ virg. femid. & ss. Felicis Papæ, Simplicii, Faultini, & Beatricis mar.
xxvii	A	iii	30	Abdon, & Sennen mart.
xxvi	b	Prid.	31	

Cyclus Epactarum	Lit. Diñi cal.	Dies mensis	AVGVSTVS
xxv xxiii	c	Kal	1	Petri ad Vincula dup. & cō. ss. Machab. mart.
xxiii	d	iiii	2	Stephani Papæ & martyris.
xxii	e f	iii	3	nuetio s. Steph proto: tēsli.
xxi	f	Prid.	4	Dominici conf. dup.
xx	g	Non	5	Dedic S. Mar. ad Niues dup.
xix	A	viii	6	Tiñsfi. Dñi dup. & coss. Xysti pp, Felicis, & Agap. ñ.
xviii	b	vii	7	Donati epi & mar. (tersid.
xvii	c	vi	8	Cyriaci, Largi, & Smarag. ñ.
xvi	d	v	9	Vigilia. & cō. Romani ñ.
xve	e	iiii	10	Laurentii mart. dupl.
xiiii	f	iii	11	De oct. S. Laur. cu cōm ss. Tiburtii, & Susannæ mart.
xiii	g	Prid.	12	De oct. & tōn S. Claræ virg.
xii	A	Idus	13	De oct. & cō ss. Hippolyti & Cassiani mart. (sebii cōf.
xi	b	xix	14	De oct. cū cō Vigiliæ, & s. Eu
x	c	xviii	15	Assumptio b. M. virg dupl.
ix	d	xvii	16	De oct. Assumpt. B. M. & co oct. Laur. (oct. Assump.
viii	e	xvi	17	Oct. S. Lauretii. dup & cō.
vii	f	xv	18	De oct. & cōm s. Agapiti ñ.
vi	g	xliii	19	De octaua.
v	A	xiii	20	Bernardi Abbatis. dup. cō cō.
iiii	b	xii	21	De octaua. (oct. Assump.
iii	c	xi	22	Oct. Assūp. B. M. dup. ... ss. Timothei, Hippol. & Sym
ii	d	x	23	Vigilia. (phoriani mar.
i	e	ix	24	Bartholomæi Apostoli. dupl. Romæ celebratur die 25.
*	f	viii	25	Ludouici Regis Franciæ cōf.
xxix	g	vii	26	Zepherini Papæ & mart.
xxviii	A	vi	27	(dup. & cō s. Hermetis ñ.
xxvii	b	v	28	Augusti. epi cōf & Eccl. Doct.
xxvi	c	iiii	29	Decollatio S. Ioan. Baptiftæ dup. & cō S. Sabinæ mart.
15 xxv	d	iii	30	Felicis, & Adaucti mart.
xxiiii	e	Prid.	31	R a

Cyclus Epactarum.	Lr̄æ Dñical.	Dies menfis.	SEPTEMBER
xxiii	f	Kal	1	Aegidij Abbat. & co. ss. mar
xxiī	g	iiii	2	(tyrū xii. fratrum.
xxi	A	iii	3	
xx	b	Prid	4	
xix	c	Non	5	
xviii	d	viii	6	
xvii	e	vii	7	
xvi	f	vi	8	Natiuit. B. Mariæ. dup. & cō.
				S. Adriani m̄. Laudib' cōi.
xv	g	v	9	De oct. 1. Mariæ. & cōs. Gor
xiiii	A	iiii	10	De octaua. (gonii mar.
xiii	b	iii	11	De oct. & cōm. ss. Proti, &
				Hyacinthi mar.
xii	c	Prid	12	De octaua.
xi	d	Idib	13	De octaua.
x	e	xviii	14	Exaltatio S. Crucis. dup. cū
				com octauæ Nat. S. Mariæ.
ix	f	xvii	15	Oct. Natiu. B. Mariæ. dup. cū
				com. S. Nicomedis mart.
viii	g	xvi	16	Cornelii & Cypria. Pōt. & m̄,
				femid. cū co. ss. Euphemiç,
vii	A	xv	17	(Luciæ, & Gemin. m̄.
vi	b	xiiii	18	
v	c	xiii	19	
iiii	d	xii	20	Vigilia. & cōm. S. Euftachij,
				& fociorum mart.
iii	e	xi	21	Matthæi Apoftoli. duplex.
ii	f	x	22	Mauritij & fociorum mart.
i	g	ix	23	Lini Papæ & mart. femid. cū
				cōm. S. Theclę virg. & mar.
*	A	viii	24	
xxix	b	vii	25	
xxviii	c	vi	26	Cypriani, & Iuftinæ mart.
xxvii	d	v	27	Cofmæ & Damiani m̄. femid.
xxvi	e	iiii	28	(dup.
xxv xxiiii	f	iii	29	Dedicat. Michaelis Archāg.
xxiii	g	Prid	30	Hieronymi presb. conf. & Ec-
				clefiæ Doctoris. dupl.

Cyclus Epactarum.	Lfa Dnical.	Dies mensis.	OCTOBER
xxii	A	Kal.	1	Remigii Epi & confess.
xxi	b	vi	2	
xx	c	v	3	
xix	d	iiii	4	Francisci confes. duplex.
xviii	e	iii	5	
xvii	f	Prid.	6	
xvi	g	Non.	7	S. Marci Papæ & cõf. cũ se. Sergij, Bacchi, Marcell Apuleij martyrum.
xv	A	viii	8	
xiiii	b	vii	9	Dionysii, Rustici, & Eleut mart. semid.
xiii	c	vi	10	
xii	d	v	11	
xi	e	iiii	12	
x	f	iii	13	
ix	g	Prid.	14	Callisti Papę & mar. semid
viii	A	Idib.	15	
vii	b	xvii	16	
vi	c	xvi	17	
v	d	xv	18	Lucæ Euangelistæ. dupl.
iiii	e	xiiii	19	
iii	f	xiii	20	
ii	g	xii	21	Hilarionis Abbatis. & cõ. Vrsulę & soc. virg. & mart.
i	A	xi	22	
*	b	x	23	
xxix	c	ix	24	
xxviii	d	viii	25	Chrysanthi & Dariæ mart.
xxvii	e	vii	26	Euaristi Papæ & mart.
xxvi	f	vi	27	Vigilia.
xxv	g	v	28	Simonis & Iudę Apostol. d
xxiiii	A	iiii	29	
xxiii	b	iii	30	
xxii	c	Prid.	31	Vigilia.

Cyclus Epact.	Lfa Di. cal.	Dies men. fis.	NOVEMBER
xxi	d	Kal.	1	Feftû omniû Sáctorû dup.
xx	e	iiii	2	Commen. omnium defunct. dup. & oct. omniû sanct.
xix	f	iii	3	De octaua.
xviii	g	Prid.	4	De octaua. cun com. SS. Vitalis & Agricolæ mart.
xvii	A	Non.	5	De octaua.
xvi	b	viii	6	De octaua.
xv	c	vii	7	De octaua.
xiiii	d	vi	8	Octau. om. SS. dupl.& com. SS. quattuor Coron. mart.
xiii	e	v	9	De dedic. bafilicæ Saluatoris dup. cû com. S. Theod. m.
xii	f	iiii	10	Tryphonis, Respicij, & Nymphæ mart.
xi	g	iii	11	Martini epi & cont. dupl. & com. S. Mennæ mart.
x	A	Prid.	12	Martini Papæ & m. femidup.
ix	b	Idib.	13	
viii	c	xviii	14	
vii	d	xvii	15	
vi	e	xvi	16	(Conf.
v	f	xv	17	Gregorii Thaumaturgi epi &
iiii	g	xiiii	18	Dedicatio bafilicarum. Petri & Pauli. duplex.
iii	A	xiii	19	Pontiani Papæ & mart.
ii	b	xii	20	
i	c	xi	21	
*	d	x	22	Cæciliæ virg. & m. femidup.
xxix	e	ix	23	Clementis pp & m. femidup. cum com. S. Felicitatis mr.
xxviii	f	viii	24	Chryfogoni mart.
xxvii	g	vii	25	Catherinæ virg. & m. dup.
25 xxvi	A	vi	26	Petri Alexandrini epi & m.
xxv xxiii	b	v	27	
xxiiii	c	iiii	28	
xxiii	d	iii	29	Vigil. & com. s. Saturnini m.
xxii	e	Prid.	30	Andreæ Apoftoli. dupl.

Cyclus Epactaru.	Fer Diſi al.	Dies menſis.	DECEMBER
xx	f	Kal.	1	
xix	g	iiii	2	Bibianæ virg. & mẽ. comm.
xviii	A	iii	3	
xvii	b	Prid.	4	Barbaræ virg. & mart. cõm
xvi	c	Non.	5	Sabbæ Abbatis. comm.
xv	d	viii	6	Nicolai epi & cõf. ſemid. (dup.
xiiii	e	vii	7	Ambr. epi & cõf. & Eccl. Doct.
xiii	f	vi	8	Conceptio B. Mariæ. dupl.
xii	g	v	9	
xi	A	iiii	10	Melchiadis pp. & m̃. comm.
x	b	iii	11	Damaſi Papæ & cõf. ſemid.
ix	c	Prid.	12	
viii	d	Idib.	13	Luciæ virg. & mart. dupl.
vii	e	xix	14	
vi	f	xviii	15	
v	g	xvii	16	
iiii	A	xvi	17	
iii	b	xv	18	
ii	c	xiiii	19	
i	d	xiii	20	Vigilia.
*	e	xii	21	Thomæ Apoſtoli. dup.
xxix	f	xi	22	
xxviii	g	x	23	
xxvii	A	ix	24	Vigilia.
xxvi	b	viii	25	Natiu. D. N. Jeſu Chriſti. dup.
25 xv.	c	vii	26	Stephani protomartyris. dupl. cum comm. octauæ Natiuit.
xxiiii	d	vi	27	Ioãnis Apoſtoli & Euãg. dup. cum comm. octauarum.
xxiii	e	v	28	S. Innocentũ Martyrũ. dup. cum cõm. octau.
xxii	f	iiii	29	Thomæ Cantuar. epi & mar. ſemid. cum cõm. octauarum.
xxi	g	iii	30	De Dñica infra octau. Natiuit. vel de octũ com. octauar.
19 xx.	A	Prid.	31	Silueſtri Papæ & cõf. dupl. cum comm. octauarum.

Fert Epict. 17. Vigilia ẛũſquam ſit in via, ꝓu quando cõcẛ anni
ſolemnet cum ego to numerio xiii.

FINIS

www.ingramcontent.com/pod-product-compliance
Lightning Source LLC
Chambersburg PA
CBHW020730100426
42735CB00038B/1851